프로 코치의 마스터 키

프로 코치의 마스터 키

ICF 시험 합격부터 실전 코칭 스킬까지 한 방에!

초 판 1쇄 2025년 04월 08일

지은이 우수명
펴낸이 류종렬

펴낸곳 미다스북스
본부장 임종익
편집장 이다경, 김가영
디자인 임인영, 윤가희
책임진행 이예나, 김요섭, 안채원, 김은진, 장민주

등록 2001년 3월 21일 제2001-000040호
주소 서울시 마포구 양화로 133 서교타워 711호
전화 02) 322-7802~3
팩스 02) 6007-1845
블로그 http://blog.naver.com/midasbooks
전자주소 midasbooks@hanmail.net
페이스북 https://www.facebook.com/midasbooks425
인스타그램 https://www.instagram.com/midasbooks

© 우수명, 미다스북스 2025, *Printed in Korea*.

ISBN 979-11-7355-180-2 03190

값 20,000원

미다북스는 다음세대에게 필요한 지혜와 교양을 생각합니다.

ICF 시험 합격부터 실전 코칭 스킬까지 한 방에!

THE SECRET OF A
PROFESSIONAL COACH

프로 코치의
마스터 키

우수명 지음

미다스북스

2부 코치의 핵심역량과 ICF 시험 가이드

3부 실전 코칭 노하우와 마스터 코치의 길

추천사

박정영 국제코칭연맹(ICF) 한국챕터 회장

『프로 코치의 마스터 키』는 단순한 코칭 입문서나 시험 준비서를 넘어, 전문 코치로서의 여정을 시작하거나 심화하고자 하는 이들에게 탁월한 나침반이 되어주는 책입니다. 특히 ICF의 코칭 철학과 핵심역량을 실제 현장에서 어떻게 구현할 수 있는지를 명확하고 구체적으로 제시하고 있다는 점에서, 이 책은 코칭 실천의 깊이를 더하고자 하는 모든 코치들에게 강력히 권할 만한 지침서입니다.

ICF(International Coaching Federation)는 코칭을 통해 인간의 잠재력을 실현하고, 개인과 조직의 지속가능한 성장을 촉진하는 데 그 사명을 두고 있습니다. 『프로 코치의 마스터 키』는 이와 같은 ICF의 철학을 충실히 반영하여, 코칭의 본질을 깊이 있게 조명할 뿐 아니라, ICF 인증 자격 획득을 위한 실제적인 안내서로서도 손색이 없습니다. 특히, ICF의 핵심역량 모델을 기반으로 한 실전적인 사례와 전략들은, 코칭을 막 시작한 예비 코치부터 마스터 코치(MCC)를 지향하는 분들까지 모두에게 유익한 통찰을 제공합니다.

우수명 MCC는 이 책을 통해, 코칭이 단순한 기술의 축적이 아니라 존재와 의식의 훈련이며, 진정한 코치는 시험을 통과한 자가 아니라 고객의 삶에 긍정적인 변화를 일으키는 '동반자'임을 역설합니다. 이는 바로 ICF가 지향하는 '파트너십 기반의 코칭'과 완벽히 맞닿아 있는 메시지입니다. 급변하는 시대, 코칭의 역할은 더욱 중요해지고 있습니다. 조직은 구성원의 자기 주도성과 창의성을 필요로 하고, 개인은 변화 속에서 자신의 방향성과 의미를 찾아야 합니다. 이 책은 그런 시대적 요구에 응답하는, '프로 코치'가 갖춰야 할 핵심역량과 태도를 친절하면서도 단단하게 안내합니다.

ICF Korea Chapter를 대표하여, 『프로 코치의 마스터 키』가 더 많은 코치들에게 영감을 주고, 한국 코칭계의 수준을 한층 높이는 데 기여하리라 확신합니다.

배재훈 한국코치협회(KCA) 회장

코치로서 성장하기 위해서는 기본적인 이론 이해를 넘어, 실전에서 활용할 수 있는 깊이 있는 통찰과 경험이 반드시 필요합니다. 제 경우도 LG전자 부사장 시절, 물류 회사인 판토스 대표이사 시절, 그리고 HMM(구 현대상선) 대표이사 시절에 경영에 코칭을 도입하여 저와 임직원들이 많은 혜택을 받고 성과를 만들어간 경험이 있습니다. 그래서 저는 한국코치협회(KCA)나 국제코치연맹(ICF)의 인증코치가 되려는 분들은 단순한 시험이나 자격취득을 넘어, 개인과 조직의 목적을 이루고 탁월하게 성장하도록 돕는 현장 중심의 실력을 배양해야 한다고 강조합니다.

『프로 코치의 마스터 키』는 실제 코칭 현장에서 적용할 수 있는 생생한 사례와 실전 스킬이 녹아 있어 자연스럽게 전문 코치로서의 역량을 키울 수 있는 내용으로 구성되었습니다. 문제를 풀다 보면 단순한 정답 찾기를 넘어, 코칭 현장에서 벌어지는 많은 사례들로 구성되어 있어서 코칭의 원리를 더 잘 이해하고 상황별 코칭 대응 능력을 갖게 됩니다. ICF 필기시험은 코칭을 깊이 공부한 저나 다른 코치들에게도 쉽지 않은 내용들이 수록되어 있습니다. 그래서 여기서 제시되는 아주 복잡하고 민감한 상황들로 구성된 시나리오들을 이해하게 되면 자신의 코칭 현장에 어떻게 대응할지에 대한 명료한 전략이 생깁니다. 전문 코치나, 예비 코치나, 코칭의 진입은 쉬우나 진정한 전문가가 되기는 어렵다는 생각을 많이 하셨을텐데, 이 책은 그런 답답함을 해소시켜줄 것입니다. 이 책이 제공하는 체계적인 문제 접근법과 코칭 핵심 원칙을 익힌다면, 진짜 탄탄한 코칭 역량을 갖춘 멋진 프로페셔널 코치로 성장하게 될 것입니다.

ICF 필기시험을 치르고 전문 코치가 되고자 하는 예비 코치뿐만 아니라, 이미 현장에서 활동하고 있는 숙련된 코치들에게도 자신의 코칭 실력을 재정돈하는 지침서가 될 것입니다. 이 책을 통해 더욱 많은 코치가 전문성을 한층 더 높여서, 고객들과 함께 지속적으로 성장하는 기쁨을 경험하시길 바랍니다.

프로 코치의 마스터 키

홍유식 PCC 합격자

저는 작년 한 해 동안 무려 여섯 번의 PCC 필기시험을 응시해야 했습니다. 그 과정에서 좌절과 혼란, 수많은 실패 속에서 "내가 과연 전문 코치로서 자격이 있는가?"라는 질문을 수없이 되뇌며 버텨야 했습니다. 그런 저에게 우수명 MCC의 'ICF 필기시험 대비반 수업'은 단순한 시험 준비를 넘어, '코칭의 본질'을 다시 마주하게 해준 소중한 전환점이었습니다. 이 책은 시험 준비에 가장 강력한 대안임과 동시에 '진정한 코치로 성장하기 위한 길'을 안내하는 등불입니다. 실제 코칭 현장에 바로 적용할 수 있는 실전 중심의 역량 학습, 시나리오 기반 문제 접근법, 그리고 무엇보다 책 안에 녹아든 코칭 핵심역량에 대한 깊은 통찰은 제가 직접 겪었던 수많은 시행착오를 단번에 이해하게 해주었습니다. 최근 사회적으로 영향력이 점점 커지고 있는 코치라는 멋진 직업을 가지는 분들에게 명쾌한 지침서입니다.

정영애 PCC 합격자

솔직과감하게 고백합니다. 우수명 코치님의 PCC 필기시험 문제풀이반 수강 후 총 10시간 공부하고 합격했습니다. 그 비법은 아주 단순합니다. 이 책의 저자인 우수명 코치님을 전적으로 신뢰했기 때문이죠! 강의하실 때 한 문제 문제마다 말씀하신 내용을 토씨 하나 빠뜨리지 않고 문제 옆에 다 적어서 정리하고 반복해서 읽으니 일정한 패턴의 흐름이 느껴졌고, 그전에 는 시험공부를 한 적 없는 제가 한번에 합격했다는 것이 믿겨지지 않았습 니다. 『프로 코치의 마스터 키』를 읽고 깜짝 놀란 것은, 우 코치님께서 강의 했던 내용들이 더 체계적으로 잘 정리되어 있다는 것이었어요! 이 책을 탐 독하시고 ICF, KCA 자격시험에 임하실 코치님들은 이미 합격을 손에 쥐신 행운의 주인공이 되신 것입니다. 진심으로 축하드립니다!

김윤경 PCC 합격자

시험을 치를 준비는 모두 갖췄지만 '최소한 두 번은 봐야 붙는다'는 말에 망설이며 주저하고 있었습니다. 핵심 개념을 암기하며 대비했지만, 공식적으로 제공되는 예제가 거의 없어 실전 문제를 연습하기가 쉽지 않았습니다. 그러던 중 이 책을 접하고 나서야 효과적인 학습 방향을 잡을 수 있었습니다. 개념을 단순히 외우는 것이 아니라, 그 원리를 깊이 이해하고 구조적으로 정리할 수 있도록 구성된 덕분에 실전에서도 바로 적용할 수 있었고, 결국 단번에 합격할 수 있었습니다! 더욱 뜻깊었던 점은, 이 과정에서 얻은 인사이트가 실전 코칭에도 큰 도움이 되었다는 것입니다. 그동안 코칭 현장에서 어떻게 해야 할지 혼동이 되던 방법들이 고스란히 시험에 나오니 코치로서의 전문성이 탄탄해질 수밖에 없어요. 전문 코치도, 예비 코치도 정말 실력 향상을 위해 꼭 읽어보시라고 추천드립니다.

조한 PCC 합격자

우수명 MCC의 PCC 필기시험 문제풀이반 6시간 강의에 참여한 후, 다음 주 시험에서 합격한 저는 감사의 마음을 전하고 싶습니다. 그동안 시험 준비를 위해 여러 학습그룹에 참여하여 연구하고 전문 코치들의 1:1 멘토 코칭도 받았지만, 필기시험의 방향과 전략을 잡지 못해 많은 걱정을 하고 있었습니다. 우수명 MCC의 강의는 코치가 핵심역량과 필기시험에 출제될 수 있는 문제들을 실제 코칭 현장에서 코칭하는 것처럼 생생하게 이해시켜 주셔서 떠돌아다니던 스킬들이 제자리를 찾기 시작했습니다. 다른 분들 이야기를 들어보면 보통 3~5회의 쓴 고배를 마시고 합격했다고 하는데 저는 이 강의만 듣고 단번에 합격해서 기적 같고 신기했습니다. 이번에 그 내용을 책으로 옮겨서 더 많은 내용을 반복적으로 학습할 수 있게 함으로써 후배 코치들의 에너지 낭비와 고통을 덜어주셔서 감사합니다!

"아, 이제 그만할까?"

김 코치는 세 번째 필기시험에서 낙방하고, 깊은 밤 홀로 좌절을 느꼈다.

"이 길이 정말 내 길이 맞는 걸까?"

코칭을 배우고자 했던 설렘은 기억조차 나지 않았고 무거운 자괴감이 온몸을 내리눌렀다. 필기시험에 3번이나 낙방하기도 했지만 그동안 고객을 코칭할 때에도 자신의 한계를 느끼며 매너리즘에 빠진 지 오래였다. 그러나 포기하기에는 너무 긴 시간을 걸어왔다는 생각에, 김 코치는 이내 마음을 다잡고 이번에는 진심으로 그리고 끝까지 해내기로 결심했다.

"아니야, 다시 기본기부터 다지면서 제대로 해 보자."

코치가 된다는 것은 코칭 스킬을 연마하고 수료증을 받아서 코치가 되었다는 증명서를 사람들에게 보인다고 해서 되는 것이 아니다. 자신의 생각과 의식, 삶의 방식을 지속적으로 심화시켜 나가는 자기 훈련의 과정을 거쳐야 한다. 그 과정에 자격을 높여가는 단계도 있고, 그리고 스스로 역량을 갈고 닦아서 성숙해가는 단계들이 있다. 고객의 이야기를 진심으로 경청하고 그들이 깊은 내면을 탐구하도록 도우며, 그 속에서 변화가 일어나도록 영향력을 미치며, 코치 자신의 가치와 목적을 신뢰하고 견지해 나가는 과정까지도 포함된다. 시험은 그 과정에서 거쳐 가야하는 단계 중 하나에 불과하다. ICF 필기시험은 다른 사람에게 내가 자격이 있는 사람이라고 증명해보이기 위한 증거로 사용하기 위함이 아니라, 진정한 코치로 거듭나기 위해 실력을 다지는 과정이다.

"나는 정말로 내 고객을 변화시킬 수 있을까?"

때로는 코칭 세션에서 자신이 그저 형식적인 질문을 던지고 상대의 말을 반영해주며 듣기 좋은 말로 인정해주는 일을 반복하고 있음을 알아차릴 때가 있다. 그리고 대화가 고객 내면의 깊은 욕구와 가치, 의도에까지 도달하지 못하고, 고객이 말하는 표면적인 현상에만 머물러 있는 듯한 느낌이 들 때도 있다. 만약 당신이 그런 경험을 하고 있다면 이 책이 실력을 견고하게 해줄 것이다.

본서는 코칭을 제대로 배우고 싶은 초보 코치부터 실력을 심화해 탁월한 역량을 발휘하고자 하는 전문 코치들을 위한 책이다. 코치들이 현장에서 바로 활용할 수 있는 실용적인 사례와 스킬을 담고 있다. 이 책에서 ICF 코칭 핵심역량의 의미와 효과를 재점검하고, ICF 필기시험에 출제되는 시나리오 형식의 문제를 분석하며 다양한 대응 능력을 개발할 수 있다. 또한 전문 코치로서 역량을 지속적으로 개발하고 강화해야 하는 이유와 방법도 다시 한번 확인할 수 있다. 이러한 내용은 코치들이 코칭의 본질을 깊이 이해하고 역량을 재정비하며, 고객의 삶에 진정한 변화를 일으키는 기술과 통찰을 갖도록 도울 것이다. 코치는 이 책을 통해 더 편안하게, 그리고 더 자연스럽게 고객이 원하는 것을 이루도록 돕는 능력을 갖게 될 것이다.

지금까지 반복해 온 실패들은 더 나은 자신으로 태어나기 위한 준비에 불과하다. "내가 과연 좋은 코치가 될 수 있을까?" 이러한 수많은 의혹을 이겨내고 여기까지 인내하며 걸어왔다면, 이제 이 책을 통해 자신감과 실력을 제대로 갖춘 좋은 코치로 거듭날 수 있을 것이다. 이 책이 나오기까지는 많은 분들의 도움이 있었다. 무엇보다도 자신의 실패 사례를 솔직하게 나누며 책을 위한 유익한 정보를 제공한 홍유식 코치님에게 감사를 드린다. 또한 예비코치의 시각으로 객관적인 관점과 교정 등으로 도움을 준 임다래 코치님에게도 감사의 마음을 전한다. 그리고 노력과 실력을 다하여 시험에 합격하여 감동과 기쁨을 준 PCC 코치님들에게 뜨거운 응원과 지지를 보낸다.

1부

지금, 왜
코칭이 필요한가?

1장

변화의 시대,
왜 코칭이 답일까?

1

성공 방정식이 달라졌다!
자기 주도적 성장의 중요성

박지은 씨는 국내 굴지의 대기업에서 15년째 근무 중인 마케팅팀 팀장이다. 그녀는 업계에서 인정받는 기획력이 강점이었고, 부서 내에서도 신뢰받는 리더였다. 하지만 최근 들어 업무 방식이 예전과는 다르게 느껴졌다.

몇 년 전만 해도 회사는 명확한 지침을 주고, 팀원들은 이를 따르는 것이 기본적인 구조였다. 그러나 시장이 빠르게 변화하면서 조직은 더 이상 정해진 매뉴얼만으로 움직일 수 없게 되었다. 고객의 요구는 더욱 다양해졌고, 경쟁사의 전략도 예상할 수 없이 변했다. 그 결과, 조직 내부에서도 변화가 감지되기 시작했다.

한 회의 시간, 박 팀장은 회사의 신제품 출시 전략을 논의하며 팀원들에게 의견을 물었다. 과거 같으면 팀원들은 상사의 결정을 따르는 것이 일반적이었지만, 요즘은 분위기가 달라졌다. 한 직원이 조심스럽게 손을 들었다.

"팀장님, 우리가 정한 이 마케팅 방식이 과연 지금의 고객들에게 효과적일까요? 요즘 소비자들은 단순한 광고보다 브랜드의 진정성을 중요하게 생각합니다. 우리 회사의 고객과 소통하는 방식을 바꾸어야 합니다."

기존에는 이런 말은 팀장이 먼저 꺼내고 팀원들은 소극적인 대답을 하는 분위기였는데, 이제는 팀원들이 먼저 문제를 제기해 온다. 박 팀장은 예전이라면 "지금까지 잘 해왔으니 이 방식대로 진행하자."라고 답했을지도 모른다. 하지만 요즘 시장의 변화 속도를 고려하면 팀원들이 그런 의견을 내는 것은 너무도 당연한 일이다. 이처럼 기존에 하던 소통 방식, 회의 방식도 바뀌고 있고, 대화의 주체도 바뀌고 성공 공식도 바뀌고 있다.

박 팀장은 최근의 사회와 사람들의 변화를 직면하면서 자신의 리더십에 대해 깊은 고민에 빠졌다. 과거에는 업무 지시가 위에서 아래로 내려오면 자신은 중간관리자로서 그 지시를 다시 밑의 부하에게 전달하고 관리하면 되었다. 그 시절은 대단한 능력이 없어도 자리만 잘 지켜도 리더로서 존중받고 능력을 발휘할 수 있었다. 그런데 이제는 위에서 받는 지시를 아래로 흘러내려 주는 것이 아니라 오히려 거꾸로 아래의 다양한 의견을 끌어내고 취합해서 위로 올려줘야 하는 것이다. 박 팀장은 이렇게 바뀌어 버린 소통 방법과 업무 분위기에 어떻게 대응해야 할지 혼란스러웠다.

과거에는 리더가 조직의 스타였고, 그 스타의 지시에 따라 팀이 움직이면 기업이 원활하게 성장할 수 있었다. 하지만 이제는 리더 한 명이 감당하기에는 정보의 양이 너무 방대하고 변화의 속도는 상상을 초월할 만큼 빠르다. 시장 환경이 복잡해지고 고객의 기대치가 높아지면서, 리더가 모든 결정을 내리고 팀을 이끄는 방식으로는 더 이상 조직을 성공으로 이끌 수 없다. 이제는 팀원들에게 권한을 위임하고 팀원들 각자가 자기 영역에서 스타가 되어 스스로 사고하고 주도적으로 행동해야 조직이 존속하는 시대다. 그래서 구성원 개개인이 주도적으로 일하며 변화에 신속하고 능동적으로 대응하여 각자가 자기 영역에서 스타가 되도록 지원하는 것이 리더의 역할이고 리더와 조직의 성공방식이다.

이런 상황에서 어떻게 팀원들의 자발적인 참여를 이끌어내고, 변화하는 시장에서 경쟁력을 유지할 수 있을까?

2

조직 내에서 자기 주도적 성장이
중요한 이유

박 팀장은 최근 회사에서 진행한 내부 리더십 교육에서 흥미로운 연구 결과를 접했다.

"향후 10년 내, 기업의 성장은 리더의 명령이 아닌, 팀원 개개인의 자발적인 참여와 주도적 사고에 의해 결정될 것이다."

이는 단순한 트렌드가 아니었다. 변화하는 시장 환경에서 조직이 경쟁력을 유지하기 위해서는 모든 직원들이 주체적으로 문제를 해결하는 능력을 갖춰야 했다. 실제로 최근 연구에 따르면, 자기 주도적으로 학습하고 성장하는 직원들은 그렇지 않은 직원들보다 창의적인 문제 해결 능력이 3배 높고, 업무 몰입도도 2배 이상 증가한다는 결과가 나왔다.

이제 성공의 공식은 과거처럼 상사의 지시를 정확히 따르는 것이 아니라, 스스로 문제를 발견하고 해결책을 찾아 실행하는 역량으로 바뀌고 있다. 조직이 구성원들에게 "어떻게 하면 더욱 효과적으로 일을 할 수 있을까?"라는 질문을 던지는 것이 중요해진 이유다.

박 팀장은 자신의 리더십과 업무 방식, 소통 방식 등 총체적인 변화가 필요함을 절실하게 느끼며 리더십 코칭 과정에 참여했다. 3개월에 걸쳐 코칭 리더십을 장착한 박 팀장은 배운 대로 새로운 리더십으로 업무를 처리하기 시작했다. 그녀는 팀원들과의 1:1 미팅에서 단순한 업무 지시가 아니라, "이 프로젝트에서 무엇을 배우고 싶은가?", "해결해야 할 도전 과제는 무엇인가?", "최고의 결과를 만들어 내려면 어떤 지원이 필요한가?"라는 질문을 먼저 던지며 상대의 의견을 듣기 시작했다.

처음에는 팀원들도 대답을 잘 하지 못했다. 하지만 점차 스스로 생각하고 대안을 탐색하기 시작했다. 그 결과, 팀 내에서 새로운 아이디어가 자주 나오고 자신의 일에 더 집중하며 더 좋은 결과를 만들어 내기 시작했다.

3

기업 리더가 새로운 성공 방정식을 적용하는 방법

확실히 지금의 사회는 리더들에게 새로운 역할을 요구하고 있다. 기존에는 성과를 내기 위해 직원들을 효율적으로 관리하는 것이 리더십의 핵심이었다면, 이제는 구성원들이 자기 주도적으로 일하고 성장할 수 있도록 코칭하고 지원하는 역할이 더욱 중요해졌다.

그렇다면, 조직 내에서 자기 주도적 성장을 활성화하기 위해 리더들은 무엇을 해야 할까?

기존의 일방적 지시 방식을 바꿔라

전통적인 '명령—복종' 방식은 점점 효율성을 잃고 있다. 대신, 직원들이 스스로 문제를 해결할 수 있도록 방향을 제시하고, 함께 해결책을 찾아가는 접근이 효과적이라는 것을 많은 증거들이 말해주고 있다.

팀원들에게 질문을 던져라

"이 프로젝트를 통해 어떤 성장을 기대하나요?", "더 효과적이고 빠른 방법은 무엇인가요?"와 같은 질문을 통해 팀원들의 창의적이고 자발적인 참여를 이끌어 내야 한다.

실패를 두려워하지 않는 문화를 조성하라

직원들이 새로운 시도를 주저하지 않도록, 실패를 성장의 과정으로 받아들이는 조직 문화를 만들어야 한다. "이 방법이 효과적이지 않았다면, 다른 방법은 무엇이 있을까요?", "자원이 다 주어진다면 무엇을 시도해 보고 싶나요?"라고 실패에 대한 두려움 없이 새로운 것을 시도할 수 있는 문화를 만들어야 한다.

스스로 생각하고 창의적으로 일하게 하라

최근 성공적인 리더는 더 이상 전통적인 '관리자'의 이미지를 떠올리게 하지 않는다. 이들은 명령을 내리고 결과를 점검하는 데 머무르지 않고, 팀원들이 스스로 사고하고 창의적으로 기여할 수 있도록 이끄는 '코치'이자 '영감의 원천'으로 자리 잡았다. 특히, 생성형 AI와 데이터 기반 의사결정이 일상화된 지금, 리더의 역할은 단순히 업무를 분배하는 것을 넘어 직원들이 새로운 기술과 트렌드를 활용해 가치를 창출하도록 동기를 부여하는 데 주력하고 있다. 코칭 방식은 이런 환경에서 직원들의 자기 주도성을 끌어내고, 조직 전체에 혁신의 물결을 일으키는 강력한 촉매가 된다.

코칭 리더십 훈련을 마치고 난 박 팀장은 팀원들에게 최신 AI 툴을 활용한 아이디어 실험을 장려하고, 소셜 미디어 트렌드나 ESG 가치를 반영한 프로젝트를 스스로 기획해 보라고 독려했다. 그 결과, 팀원들은 더 이상 수동적으로 업무를 기다리지 않고, 스스로 학습하고 도전하는 문화를 만들기 시작했다. 구성원들은 일을 자신의 성장과 연결 짓고, 매 프로젝트를 새로운 도전이자 배움의 기회로 받아들였다. 이런 변화는 자연스럽게 팀의 몰입도를 높였고, 팀 성과도 눈에 띄게 향상됐다. 박 팀장의 리더십은 팀원들이 스스로 빛을 발할 수 있는 환경을 조성하며, 조직에 신선한 에너지를 불어넣었다.

4

변화하는 시대,
기업이 원하는 인재상도 달라졌다

    과거 기업이 선호했던 인재는 주로 명확한 역할 속에서 주어진 임무를 충실히 수행하는 사람이었을지 모른다. 하지만 최근의 기업 환경은 완전히 다른 게임의 룰을 요구한다. 인공지능의 보편화, 하이브리드 근무의 일상화, 그리고 Z세대와 알파세대의 새로운 가치관이 조직 문화를 재편하면서, 기업이 원하는 인재상도 혁신적으로 변모했다. 이제 기업은 단순히 일을 잘하는 사람을 넘어, 트렌드를 읽고 적응하며 스스로 가치를 창조하는 '미래 설계자'를 찾고 있다. 이들은 문제를 정의하고 해결하는 데 그치지 않고, 아직 드러나지 않은 기회를 포착해 조직을 한 발 앞서 나가게 만드는 인재다.

    오늘날 기업은 급변하는 환경에서 살아남기 위해 단순히 효율성만 추구하지 않는다. 예를 들어, 생성형 AI가 코딩이나 콘텐츠 제작을 대체하면서, 단순 반복 작업은 더 이상 인간의 몫이 아니게 됐다. 대신 기업은 기술을 활용해 새로운 아이디어를 실험하고, 고객의 숨겨진 니즈를 발굴하며, 지속 가능성과 사회적 가치를 반영한 전략을 제안할 수 있는 인재를 필요로 한다. 최근 트렌드인 '디지털 노마드' 문화나 '워케이션(workation)' 같은 유연한 근무 형태도 이를 뒷받침한다. 이런 환경에서 기업은 직원이 어디서든 스스로 동기를 부여하고, 창의적으로 기여할 수 있는 능력을 중시한다. 얼마 전까지만 해도 전문가의 영역이라 비전문가는 범접을 하지 못했던 수많은 영역들을 AI가 쉽고 편리하게 바꾸어 놓아서 전문가와 비전문가의 영역이 없어지고 있다. 누구라도 흥미를 가지고 먼저 접근하면 전문가가 되는 것이다. 따라서 지금은 학력이나 전문성을 불문하고 정보와 기술을 먼저 사용하고 필요한 곳에 통합하여 새로운 시너지를 만들어 내는 인재가 좋은 인재다.

이런 인재상을 뒷받침하려면 조직도 과거와는 다른 방식으로 움직여야 한다. 예를 들어, 팀 단위의 협업이 강조되면서 '플랫 조직(flat organization)'이나 '홀라크라시(holacracy)' 같은 구조가 주목받고 있다. 이런 조직에서는 리더가 모든 결정을 내리는 대신, 팀원들이 자율적으로 책임을 분담하고 프로젝트를 주도한다. 리더의 역할도 바뀌었다. 2025년의 리더는 트렌드를 읽고 팀원들에게 영감을 주며, 실패를 두려워하지 않는 실험 정신을 장려하는 '촉매자'에 가깝다. 최근 글로벌 기업들이 '역코칭(reverse coaching)'을 도입해 젊은 직원들이 리더에게 새로운 기술, 트렌드, 혹은 신선한 관점을 코칭하는 사례는 이런 변화를 잘 보여준다. 역코칭은 리더와 팀원이 서로를 코치하며 상호 성장하는 과정을 촉진하는 것이다. 이렇게 조직과 리더, 개인이 수평적으로 아이디어를 주고받으며 효과적으로 성장하는 문화가 확산되고 있다.

역코칭은 전통적인 코칭(리더가 팀원을 지도)의 방향을 뒤바꿔, 젊은 직원이나 하위 직급의 구성원이 리더에게 통찰력, 기술, 혹은 새로운 관점을 제공하는 접근법이다. 예를 들어, 역코칭 세션에서 젊은 직원이 리더에게 디지털 도구 사용법을 가르치거나, 최신 트렌드(예: ESG 경영, AI 활용)를 공유하며 리더의 의사결정에 새로운 시각을 더한다.

역코칭은 첫째, 젊은 직원이 리더에게 최신 기술과 트렌드를 코칭하며 리더가 빠르게 변화하는 환경에 적응하도록 돕고 디지털 역량과 의사결정 속도를 크게 향상시킨다. 둘째, 리더와 젊은 직원 간 수평적 대화가 늘어나며 세대 차이에서 오는 오해를 줄인다. 셋째, 리더가 촉매자 역할로 전환하여 팀의 창의성과 동기를 강화한다. 넷째, 젊은 직원이 리더를 코치하며 책임감과 주도성을 키우고 자율적으로 프로젝트를 이끄는 역량이 커져 업무 몰입도를 높인다. 다섯째, 수평적 학습 문화가 조성되며 새로운 아이디어와 다양성을 수용하는 유연한 조직 문화를 만든다.

결국, 기업이 2025년의 경쟁에서 앞서기 위해서는 조직 전체가 코칭 마인드를 가져야 한다. 팀원들이 스스로 트렌드를 탐색하고, 자신의 역할에 새로운 가치를 더할 수 있는 환경을 만드는 것이 중요하다. 예를 들어, 직원들이 메타버스 플랫폼에서 가상 워크숍을 열거나, 소셜 미디어 데이터를 분석해 실시간 고객 인사이트를 도출하는 식의 기여가 가능해져야 한다. 이런 환경에서 리더는 방향을 제시하고, 직원은 창의력을 발휘하며, 조직은 지속 가능한 성장을 이룬다. 코칭은 이런 선순환을 만드는 열쇠다. 변화하는 시대에 기업이 원하는 인재와 문화를 창조하기 위한 답은, 더 이상 과거의 틀에 있지 않다. 코칭을 통해 개인과 조직이 함께 미래를 설계하는 데 있다.

5

대기업보다 1인 기업이
강해지는 시대의 흐름

AI 시대가 열어준 1인 기업의 폭발적 성장

AI 시대가 도래하면서 1인 기업이 폭발적으로 성장하게 되었다. 인공지능과 디지털 기술의 발전은 개인이 적은 비용과 자원으로도 글로벌 시장에서 경쟁할 수 있는 환경을 조성했다. 전통적으로 대기업이 독점했던 시장이 점차 개방되면서, 창의적이고 유연한 1인 기업들이 경제의 중심으로 부상하고 있다.

AI 기반의 자동화 시스템, 온라인 플랫폼, 디지털 마케팅 기술의 발전으로 인해 1인 기업가들은 과거에는 불가능했던 방식으로 사업을 운영할 수 있게 되었다. 단순한 콘텐츠 제작부터 맞춤형 제품 판매, AI 기반 컨설팅, 자동화된 고객 응대 서비스까지 다양한 분야에서 1인 기업이 성공을 거두고 있다.

1) AI 콘텐츠 크리에이터 및 퍼스널 브랜딩

AI 기반의 영상 제작, 글쓰기, 디자인 툴이 발전하면서 개인이 콘텐츠 크리에이터로 성공할 가능성이 커졌다. 유튜브, 인스타그램, 틱톡과 같은 플랫폼에서 AI를 활용한 영상 편집, 자동 자막 생성, 데이터 분석을 통해 보다 효율적으로 운영할 수 있다. 미국의 한 크리에이터는 AI를 활용한 영상 자동 편집 기술을 사용하여 하루에 수십 개의 콘텐츠를 제작하고, 이를 통해 광고 수익과 협찬으로 큰 수익을 벌어들이고 있다.

2) AI 기반 온라인 교육 및 코칭

1인 기업이 AI를 활용해 온라인 교육 플랫폼을 운영하는 사례도 늘고 있다. AI 튜터링, 맞춤형 교육 콘텐츠 추천, 자동 채점 시스템 등으로 운영 효율성을 극대화할 수 있다. 국내의 영어 강사는 AI를 활용한 맞춤형 학습 솔루션을 개발하여 전 세계 학생들에게 강의를 제공하고 있으며, 연간 수십억 원의 매출을 기록하고 있다.

3) AI를 활용한 전자상거래 및 개인 맞춤형 제품 판매

AI 기술을 적용한 전자상거래 플랫폼과 SNS 광고 기술 덕분에 1인 기업들이 글로벌 시장에서도 성공할 수 있는 기회가 늘어나고 있다. Etsy에서 개인 맞춤형 액세서리를 판매하는 한 디자이너는 AI를 활용한 고객 데이터 분석을 통해 타겟 마케팅을 진행하며, 연 매출 수십억 원을 기록하고 있다.

4) AI 기반 자동화 서비스 사업

AI 챗봇, 가상 비서, 마케팅 자동화 도구 등을 활용해 1인 기업가가 여러 가지 업무를 동시에 처리할 수 있다. 프리랜서 마케터 한 명이 AI를 이용한 자동화된 SNS 콘텐츠 제작 서비스를 제공하여 기업들에게 마케팅 솔루션을 제공하며 성공적인 사업을 운영하고 있다.

아마존, 쇼피파이, 쿠팡과 같은 글로벌 전자상거래 플랫폼은 개인 사업가들에게 새로운 기회를 제공했다. 기존의 오프라인 기반 사업보다 적은 초기 비용으로도 세계 시장에 진출할 수 있게 되면서, 수많은 1인 기업가들이 온라인에서 성공적인 브랜드를 구축하고 있다. 아마존 FBA(Fulfillment by Amazon) 사업 모델은 개인 사업자가 상품을 제조업체에서 직배송하거나, 아마존 물류센터에 보관하여 주문이 들어오면 자동으로 배송되도록 하는 방식이다. 한 한국인 사업가는 중국에서 스마트 기기를 소싱하여 아마존에서 판매한 후 3년 만에 연 매출 50억 원을 돌파했다.

또한, 국내에서도 네이버 스마트스토어, 쿠팡 마켓플레이스를 활용한 1인 사업가들의 성공 사례가 늘어나고 있다. 또한 대학생이나 주부가 스마트스토어 등 온라인 쇼핑몰에 짧은 시간을 투자하여 몇 달 며칠 만에 월 수천에서 수억의 매출을 올리는 예가 증가하고 있다.

5) 헬스케어 및 웰니스 분야

AI 기반의 건강 관리, 영양 상담, 정신 건강 코칭 등의 서비스가 늘어나면서, 개인 사업가들이 이를 활용하여 고객들에게 맞춤형 솔루션을 제공하고 있다. 개인 트레이너가 AI를 활용한 맞춤형 운동 프로그램을 제공하는 애플리케이션을 개발하여 연간 수십억 원의 매출을 올리고 있다. NFT(대체 불가능한 토큰) 기술과 블록체인을 활용한 창작 및 투자 사업도 1인 기업들에게 큰 기회를 제공하고 있다. 디지털 아티스트 한 명이 NFT 아트를 판매하여 단기간에 수억 원의 수익을 거두었다.

6) AI 기반 번역 및 원격 업무 지원

AI 번역 도구와 원격 협업 플랫폼의 발전으로 프리랜서 번역가나 가상 비서와 같은 직업군이 빠르게 성장하고 있다. AI 번역 툴을 활용하여 글로벌 기업과 협업하는 번역가가 연 매출 10억 원을 달성했다.

7) 1인 기업 성장과 코칭의 연관성

1인 기업이 성공하기 위해서는 기술과 자원의 활용뿐만 아니라, 올바른 비즈니스 전략과 개인의 성장도 중요하다. 이때, 코칭은 평범한 개인이 자신의 가치와 강점, 비전, 꿈을 살려 강력한 브랜드를 만들고, 이를 통해 꿈을 펼치고 성공할 수 있도록 돕는 강력한 도구가 된다.

· **자기 인식과 목표 설정:** 코칭을 통해 개인이 자신의 강점과 가치를 발견하고, 명확한 목표를 설정할 수 있다.

· **비즈니스 전략과 브랜딩 강화:** 코칭은 개인 브랜드를 효과적으로 구축하고, 지속적으로 성장할 수 있는 전략을 수립하는 데 도움을 준다.

· **동기 부여와 지속 가능한 성장:** 1인 기업가는 외롭고 도전적인 길을 걸어야

하지만, 코칭을 통해 꾸준한 동기 부여와 성장을 유지할 수 있다.

· **네트워킹과 리더십 개발:** 코칭을 통해 기업가는 자신의 브랜드를 확장하고, 협업과 관계 형성을 통해 더 큰 기회를 창출할 수 있다.

AI와 디지털 기술이 발전하면서 개인이 자신의 능력만으로 성공할 수 있는 기회와 방법이 놀라울 정도로 커지고 있다. 그러나 단순히 기술만으로 성공이 보장되는 것은 아니다. 자신의 가치와 강점을 살리고, 이를 바탕으로 차별화된 브랜드를 구축하는 것이 필수적이다. 코치는 평범한 개인이 이런 변화와 도전의 시장에서 자신의 꿈을 실현하고 성공을 이루도록 강력하게 도울 수 있다.

6

10년 후에도 살아남는
사람들의 공통점

2035년, 세상은 지금보다 훨씬 더 빠르게 돌아가고 있을 것이다. AI가 일상 곳곳을 지배하고, 메타버스와 같은 가상 공간이 현실만큼이나 중요한 무대가 되며, 기후 위기와 같은 글로벌 도전 과제가 우리의 삶을 재정의할 것이다. 이런 격변의 시대에서 살아남는 사람들은 단순히 변화에 떠밀리는 존재가 아니라, 흐름을 읽고 능동적으로 대응하며 자신만의 길을 개척하는 이들이다. 이들은 적응력, 디지털 감각, 회복탄력성, 협업 능력, 그리고 자신만의 가치를 브랜드화하는 힘을 갖춘 '미래 주역'들이다.

1) 변화의 파도를 타는 유연한 적응력

기술 혁신과 산업의 재편이 가속화되면서, 한 가지 스킬로 평생을 버티는 시대는 끝났다. 2025년만 해도 ChatGPT 같은 AI가 코딩과 콘텐츠 제작을 보조했다면, 10년 후에는 AI가 대부분의 반복 작업을 완전히 대체할 가능성이 크다. 하지만 이런 변화에 굴복하는 대신, 새로운 도구를 익히고 이를 창의적으로 활용하는 사람들이 기회를 잡는다. 예를 들어, 최근 VR 콘텐츠 크리에이터나 AI 윤리 전문가 같은 직업이 떠오르고 있는데, 이들은 변화를 두려워하지 않고 오히려 자신의 영역으로 끌어들인 사례다. 10년 후 살아남는 사람은 끊임없이 배우고, 트렌드를 선점하며, 변화 속에서 새로운 가능성을 발견하는 유연한 사고를 가진 이들이다.

2) 디지털 세상의 주인공이 되는 능력

디지털 리터러시는 이제 생존의 기본 조건이다. 2035년에는 메타버스에서 열리는 글로벌 컨퍼런스, NFT로 거래되는 디지털 자산, AI 기반의 실시간 마케팅이 일상이 될 것이다. 이런 환경에서 디지털 플랫폼을 자유자재로 다루고, 자신의 아이디어를 가상 공간에서 구현하며, 전 세계와 소통할 줄 아는 사람들이 영향력을 유지한다. 예를 들어, 요즘 성공한 인플루언서들은 단순히 소셜 미디어를 넘어 웹 3.0 생태계에서 자신만의 디지털 브랜드를 구축하고 있다. 디지털 세상을 이해하고 활용하는 능력은 단순한 기술 이상으로, 자신의 가치를 세상에 알리고 새로운 시장을 창출하는 열쇠다.

3) 위기 속에서도 빛나는 회복탄력성

빠른 변화는 필연적으로 불확실성과 실패를 동반한다. 10년 후에는 기후 위기로 인한 공급망 붕괴나 AI의 오작동 같은 예기치 못한 위기가 더 빈번할지도 모른다. 하지만 성공하는 사람들은 실패를 피해 다니는 데 집중하지 않는다. 대신, 그들은 위기를 배움의 기회로 삼고 다시 일어서는 힘을 키운다. 팬데믹 이후, 많은 기업이 망했지만, 빠르게 비즈니스 모델을 디지털로 전환하거나 지속 가능성을 강조한 브랜드로 재탄생한 기업들은 오히려 더 큰 성공을 거뒀다. 회복탄력성은 단순한 낙관주의가 아니라, 내면의 단단함과 도전 의지를 바탕으로 위기를 기회로 바꾸는 능력이다. "내가 멈추지 않는 한, 실패는 없다."는 태도가 이들을 지탱한다.

4) 네트워크를 사용한 협업의 달인

현대 기술은 개인의 잠재력을 폭발적으로 키워주지만, 진정한 성장은 협업에서 나온다. 2035년에는 소셜 미디어, DAO(탈중앙화 자율 조직), 오픈소스 커뮤니티 같은 네트워크가 성공의 기반이 될 것이다. 성공하는 사람들은 혼자 빛나는 천재가 아니라, 다양한 사람들과 연결하고, 서로의 강점을 결합해 더 큰 가치를 창출하는 이들이다. 최근 떠오르는 기업가들은 크라우드 펀딩으로 자금을 모으고, 이종 산업과의 파트너십으로 혁신을 일으키며, 온라인 커뮤니티를 통해 아이디어를 검증한다. 10년 후에도 살아남으려면, 사람과 사람을 잇는 네트워크를 구축하고, 협업을 통해 기회를 극대화하는 능력이 필수다.

5) 자신만의 가치를 브랜드화하는 확신

혼란의 시대에서도 흔들리지 않는 사람들은 자신의 가치를 명확히 아는 이들이다. 경제적 불안, 직업의 불확실성, 사회적 격변이 닥쳐도, 자신이 무엇을 추구하는지, 어떤 임팩트를 남기고 싶은지 확신하는 사람은 길을 잃지 않는다. 예를 들어, 지속 가능성을 신념으로 삼아 친환경 브랜드를 만든 기업가나, 창의성을 가치로 삼아 독창적인 콘텐츠를 생산하는 크리에이터들은 외부 환경에 휘둘리지 않고 오히려 타인을 끌어들인다. 2035년에는 개인 브랜딩이 더욱 중요해질 것이다. 소셜 미디어와 디지털 플랫폼을 통해 자신의 철학과 강점을 세상에 각인시키는 사람들은 단순히 생존을 넘어 영향력을 발휘한다. 남의 기준에 맞추는 대신, 자신만의 독창적인 길을 개척하는 이들이 진정한 성공과 행복을 동시에 잡는다.

10년 후에도 살아남는 사람들은 변화에 적응하고, 디지털 세상을 장악하며, 위기 속에서 성장하고, 협업으로 가치를 키우며, 자신만의 브랜드를 구축하는 이들이다. 이들은 단순히 생존하는 데 그치지 않고, 세상 속에서 자신만의 의미를 창조한다. 그리고 이 모든 여정에서 코칭은 그들을 이끄는 강력한 나침반이 된다. 코칭은 개인이 자신의 잠재력을 발견하고, 빠른 변화에 유연하게 대응하며, 디지털 도구를 활용해 가치를 극대화하도록 돕는다. 또한, 실패와 위기 속에서 회복탄력성을 키우고, 협업의 기술을 연마하며, 자신의 가치를 명확히 정의하고 브랜드화하는 과정을 지원한다. 2035년의 주인공이 되려면, 지금부터 코칭을 통해 자신의 가치와 브랜드를 키우고, 관계 역량, 정보처리 역량, 혁신 역량 등을 꾸준히 개발해나가야 한다. 미래는 코칭 마인드를 가진 자들에게 더욱 매력적인 장이 될 것이다.

7

빠르게 변화하는 시대,
코칭 마인드로 대응하자

세상은 과거의 틀을 넘어 무한한 가능성의 세계가 펼쳐지는 새로운 시대로 접어들고 있다. 이제는 정해진 경로를 따르는 대신, 각 개인이 상상력과 창의성을 발휘해 자신만의 길을 만들어갈 수 있는 기회가 활짝 열렸다. 전통적인 교육과 경험을 기반으로 변화에 유연하게 적응하고 끝없는 가능성을 탐색하는 사람은 앞으로의 세상에서 빛나는 성장을 이룰 것이다. 많은 이들이 이러한 새로운 흐름을 감지하고 있으며, 이제 자신의 삶에 이를 적극적으로 반영하며 더 넓은 미래를 향해 나아갈 준비를 하고 있다.

"나는 무엇을 해야 할까?"

"어떤 방향으로 나아가야 할까?"

"내가 가진 강점은 무엇이고, 이를 어떻게 활용할 수 있을까?"

코칭은 사람들에게 스스로의 가능성을 발견하고, 변화 속에서 자신만의 길을 찾아갈 수 있도록 돕는 도구다. 코칭을 통해 사람들은 자신의 목표를 명확히 설정하고, 실행 가능한 전략을 세우며, 도전을 두려워하지 않는 태도를 기를 수 있다.

예를 들어, 전통적인 직장 문화에서 오랫동안 일해온 직장인이 변화하는 시장 환경에 적응해야 하는 상황을 맞이했다고 하자. 그는 새로운 기술을 익히고, 보다 유연한 사고를 가져야 하지만, 익숙한 방식에서 벗어나는 것이 두렵다. 이때 코칭은 그의 강점을 바탕으로 새로운 가능성을 탐색하고, 변화에 대한 두려움을 극복하며, 스스로의 삶을 주도적으로 만들어갈 수 있도록 돕는 역할을 한다.

다음은 빠르게 변화하는 시대에서 코칭이 필수적인 이유를 7가지 핵심으로 정리한 표이다.

변화의 시대, 왜 코칭이 필수적인가?

핵심 주제	설명
1. 성공의 기준 변화	과거의 '오랜 근속+승진' 공식은 더 이상 유효하지 않다. 자기 주도적 성장 없이는 지속적인 성공이 어렵다.
2. 기업과 조직이 원하는 인재상 변화	단순한 업무 수행이 아닌, 변화를 주도하고 창의적으로 문제를 해결할 수 있는 사람이 높은 평가를 받는다.
3. 리더십 방식의 전환	기존의 명령형 리더십은 한계에 도달했다. 코칭 리더십을 통해 조직과 구성원이 함께 성장하는 리더가 필요하다.
4. 1인 기업과 창업자의 시대	기업 중심의 경제구조가 개인 중심으로 변화하며, 브랜딩과 자기 주도적 성장이 필수 요소가 되었다.
5. 변화 속에서 살아남는 사람들의 특징	끊임없는 학습과 적응력, 자기 성장에 대한 주도성이 미래 생존의 핵심 요소다.
6. 변화에 대한 두려움과 실행력 부족 해결	많은 사람들이 변화의 필요성을 인식하지만, 어디서부터 시작해야 할지 모른다. 코칭은 이를 명확하게 정리하고 실행할 수 있도록 돕는다.
7. 가치와 행복을 중시하는 시대	이제 사람들은 단순한 성공이 아니라, 일과 삶의 균형, 개인의 가치 실현, 내면적 성취를 더 중요하게 여긴다. 코칭은 이를 가능하게 만드는 강력한 도구다.

우리는 빠르게 변하는 시대에 맞는 성공의 방정식을 사용해야 한다. 그것은 자기 주도적 성장, 유연한 사고, 지속적인 학습, 강력한 실행력에 있다.

코칭을 받은 사람들은 자신의 가치와 강점을 발견하고 변화 속에서도 중심을 잡으며 도전과 기회를 명확하게 인식하고 활용할 수 있다. 자고 일어나면 변해 있는 변화의 시대, 우리가 코칭 마인드로 살아가면 이러한 변화를 두려움이 아니라 기회로 만들 수 있다. 10년 후에도 살아남는 사람들의 공통점은 바로 코칭 마인드로 변화에 유연하게 적응하고, 지속적으로 성장하는 사람들일 것이다.

2장

코칭이 열어주는
새로운 기회

1

코칭이 조직에 가져오는
긍정적인 변화

1) 리더십과 조직 문화 혁신

2023년 한국경영자총협회 조사에 따르면, 중소기업 리더의 63%가 "직원 의견을 반영할 시간이 없다."고 답했고, 직원의 71%는 "내 목소리가 들리지 않는다."고 느꼈다. 이러한 환경은 혁신을 저해하고 핵심 인재의 유출과 매출 하락으로 이어진다.

코칭은 리더들에게 새로운 관점을 제공하며, 소통을 활성화하고 조직 문화를 혁신하는 데 중요한 역할을 한다. 코치를 통해 리더들은 "내가 조직에 남기고 싶은 유산은 무엇인가?" 같은 질문을 고민하게 되고, 이를 통해 통제 중심의 리더십에서 벗어나 장기적이고 지속 가능한 조직 운영에 집중할 수 있다.

2) 의사결정 방식의 변화와 조직의 민첩성 향상

많은 리더들은 "모든 것을 직접 통제해야 한다."는 마음으로 세부적인 결정까지 하면서 높은 스트레스를 감내하고 있다. 이로 인해 직원들은 수동적으로 변하고, 중요한 순간에 신속한 대응을 하지 못하는 경우가 많다. 고객 불만이나 납품 지연과 같은 문제에서도 리더의 결재를 기다리느라 기회를 놓치는 사례가 빈번하다.

코칭은 리더가 "현장에서 벌어지는 복잡하고 급한 결정들을 직원들에게 위임하면 어떤 효과가 있을까요?" 같은 질문으로 고민하게 함으로써, 조직 내에서 빠르고 유연한 의사결정을 내릴 수 있도록 돕는다. 리더가 통제력을 내려놓고 팀의 전문성을 신뢰하도록 유도하며, 이를 통해 조직의 민첩성이 향상되고 직원들의 적극적인 참여가 이루어진다.

3) 소통과 협업 강화

소통이 부족한 조직에서는 리더가 혼자 고민하고 결정을 내리며, 직원들의 실질적인 경험과 아이디어가 충분히 반영되지 못한다. 이로 인해 문제 해결이 표면적인 수준에 머물게 된다.

코칭은 리더가 직원들과 협력하고 집단 지성을 활용할 수 있도록 돕는다. 글로벌 컨설팅사 맥킨지의 연구에 따르면, 소통이 원활한 조직은 혁신 속도가 2배 빠르고, 직원 이직률이 30% 감소하는 것으로 나타났다. 즉, 코칭은 조직 내 원활한 소통을 촉진하여 생산성과 지속 가능성을 높이는 핵심 도구가 된다.

4) 글로벌 경쟁력 강화

글로벌 시장에서 경쟁력을 확보하기 위해서는 기술과 자원의 활용뿐만 아니라, 리더십과 조직의 역량 강화가 필수적이다. 코칭은 기업이 변화하는 글로벌 시장에서 지속적으로 성장하고 확장할 수 있도록 돕는 강력한 전략적 도구이다. 빠르게 변화하는 환경 속에서, 코칭을 통해 기업과 리더는 다음과 같은 경쟁력을 확보할 수 있다.

· **국제적 사고방식 배양:** 코칭을 통해 글로벌 시장에서 요구되는 비즈니스 감각과 전략적 사고를 개발할 수 있다.

· **창의적 문제 해결 능력 향상:** 글로벌 시장에서의 예측 불가능한 도전에 대응할 수 있는 유연한 사고를 촉진한다.

· **리더십 역량 강화:** 글로벌 비즈니스 환경에서 요구되는 협업 능력과 의사소통 스킬을 키운다.

· **기업 브랜드 및 지속 성장 기반 마련:** 글로벌 시장에서 차별화된 경쟁력을 갖춘 브랜드를 구축할 수 있도록 돕는다.

세계적으로 성공하는 기업들은 사람 중심의 리더십과 지속 가능한 조직 문화를 구축하는 데 집중하고 있다. 한국 기업이 글로벌 시장에서 지속적으로 성장하기 위해서는 코칭 리더십을 강화하고, 조직 문화를 혁신하며, 국제적 경쟁력을 확보하는 것이 필수적이다.

2

코칭이 개인에게 가져오는 긍정적인 변화

불확실성이 큰 사회에서는 안정적인 미래를 기대하기 어려워지고, 기존의 방식만으로는 원하는 성과를 내기가 점점 더 어려워진다. 이러한 환경 속에서 자기 인식이 부족하거나 유연한 사고를 하지 못하는 사람들은 쉽게 좌절하거나 스트레스를 극복하지 못하는 경우가 많다. 이때 코칭은 개인이 스스로를 객관적으로 바라보고, 변화에 적극적으로 대응하며, 원하는 삶을 설계할 수 있도록 돕는다.

1) 자기 인식과 자기 주도적 태도를 강화한다

사회에서는 많은 사람들이 자신의 가치와 강점을 명확하게 인식하지 못한 채, 주변 환경이나 타인의 기대에 맞춰 살아간다. 특히 조직 내에서 정해진 역할을 수행하면서도 "이 일이 정말 나에게 맞는가?", "나는 무엇을 위해 일하고 있는가?"와 같은 질문을 던지지 못하는 경우가 많다. 하지만 변화가 빠른 시대에는 이러한 자기 인식이 부족하면 방향을 잃기 쉽고, 결국 수동적인 태도로 일과 삶을 대하게 된다.

많은 사람들이 "나는 아직 준비되지 않았다."거나 "완벽해야만 도전할 수 있다."는 신념 때문에 기회를 놓치는 경우가 많다. 코칭은 이러한 부정적인 신념을 탐색하고 더 유연하고 현실적인 시각을 갖도록 돕는다. 결국, 자기 인식을 높이고 주도적인 태도를 갖게 되면 개인은 변화를 두려워하기보다 성장의 기회로 받아들이게 된다.

2) 감정 조절과 스트레스 관리 능력을 높인다

오늘날 많은 사람들이 업무의 압박, 대인관계의 갈등, 미래에 대한 불확실성 등으로 인해 지속적인 스트레스를 경험한다. 문제는 이러한 스트레스가 단순한 불편함을 넘어 집중력 저하, 의사결정 장애, 그리고 심리적 소진(번아웃)으로까지 이어질 수 있다는 점이다. 특히 빠른 속도로 변화하는 시대에서는 감정을 효과적으로 조절하는 능력이 더욱 중요해지고 있다.

코칭은 개인이 자신의 감정을 객관적으로 인식하고 적절하게 조절할 수 있도록 돕는다. 스트레스를 유발하는 요인을 분석하고 현실적으로 대처할 수 있는 방안을 찾는 과정도 포함된다. 감정을 효과적으로 조절하는 사람들은 위기 상황에서도 침착하게 대응할 수 있으며, 장기적으로는 보다 안정적인 정신적 균형을 유지할 수 있다. 코칭은 단순히 스트레스를 줄이는 것이 아니라, 감정을 긍정적인 에너지로 전환하여 성과를 높이고 삶의 질을 개선하는 데 도움을 준다.

3) 인간관계를 개선하고 소통 능력을 향상시킨다

효과적인 커뮤니케이션은 모든 인간관계의 핵심 요소다. 하지만 많은 사람들이 자신의 의사소통 방식에 대한 자각 없이, 원활하지 않은 대화로 인해 오해와 갈등을 경험하곤 한다. 특히 조직 내에서는 상사, 동료, 고객 등 다양한 이해관계자들과 소통해야 하지만, 종종 감정적인 대응이나 비효율적인 대화 방식 때문에 문제가 발생하기도 한다.

코칭은 개인이 자신의 커뮤니케이션 패턴을 점검하고, 보다 효과적인 소통 방법을 익히도록 돕는다. 예를 들어, "내가 상대방의 의견을 충분히 경청하고 있는가?", "내가 전달하고자 하는 메시지가 정확하게 전달되고 있는가?"와 같은 질문을 통해 자신의 커뮤니케이션 스타일을 인식할 수 있다.

소통 능력이 뛰어난 사람들은 신뢰를 쌓고 협력적인 관계를 형성하는 데 강점을 가지며, 이러한 능력은 조직 내에서뿐만 아니라 개인적인 인간관계에서도 큰 영향을 미친다. 결국, 코칭을 통해 커뮤니케이션 방식을 개선하는 것은 단순한 대화 기술을 넘어, 관계의 질을 높이고 보다 건강한 인간관계를 유지하는 데 중요한 역할을 한다.

4) 일과 삶의 목적을 실현한다

오늘날 많은 사람들이 직업을 갖고 살아가지만, 정작 자신의 일이 어떤 의미를 가지는지, 궁극적으로 무엇을 이루고 싶은지에 대한 고민을 깊이 하지 못하는 경우가 많다. 하지만 현실에서는 막연한 불안감 속에서 살아가며, "나는 어떤 삶을 원하는가?", "내가 정말 이루고 싶은 것은 무엇인가?"와 같은 질문을 미루고 살아가는 경우가 많다.

단순한 흥미만으로는 지속적인 동기 부여가 어렵다. 진정한 만족감은 자신의 가치와 신념이 일과 연결될 때 생겨난다. 코칭에서는 "당신이 일하면서 가장 보람을 느낀 순간은 언제인가?", "어떤 순간에 당신은 깊은 의미를 느끼는가?"와 같은 질문을 통해 개인이 진정으로 원하는 방향을 탐색하도록 돕는다.

또한, 많은 사람들이 "꿈은 있지만 현실적으로 불가능하다."는 생각에 스스로 가능성을 차단해 버린다. 코칭을 통해 이러한 부정적인 신념을 탐색하고, 목표에 집중하며 가능성을 볼 수 있게 도와준다.

코칭은 개인이 자신의 삶에서 주도권을 갖고, 스스로 목표를 설정하며, 이를 실현하는 과정에서 만족과 성취감을 느낄 수 있도록 지원한다. 단순히 직업적인 성공을 넘어, 자신이 원하는 삶을 살아갈 수 있도록 돕는 것이 코칭이 가져다주는 가장 큰 변화다.

3

코칭이 어떻게
한국을 변화시켰나?

1) 조직과 인간관계 방식을 변화시켰다

과거 한국의 조직 문화는 수직적이고 명령 중심적이었다. 리더는 지시하고 직원들은 자동적으로 리더의 지시를 따르는 것이 일반적이었다. 한국식 커뮤니케이션 방식은 간접적이고 암묵적인 경우가 많다. 그러나 글로벌 환경에서는 직접적이고 명확한 의사소통이 필수적이다. 코칭은 한국인들에게 직설적인 표현을 자연스럽게 받아들이고 효과적으로 소통하는 방법을 학습할 수 있는 기회를 제공했다. 수평적이고 자율적인 소통 방식이 더욱 강조되는 글로벌 기업 환경에 적응하기 위해 우리 한국 기업들도 코칭을 통해 수평적 조직 문화로 많이 변화되었다.

과거에는 연공서열 중심으로 일이 진행되었지만, 코칭 문화가 확산되면서 직급과 관계없이 의견을 나누는 문화가 형성되고 있다. 이는 글로벌 협업 환경에서 한국 기업이 더욱 경쟁력을 갖추도록 만들었다. 기존 한국식 피드백은 위에서 아래로 전달되는 '일방적인 평가'에 가까웠다. 그러나 코칭이 확산되면서 상사와 부하 직원 간에도 건설적인 피드백 문화가 정착되었고, 이는 글로벌 기업이 요구하는 '개방적이고 상호 존중하는 커뮤니케이션 방식'이 정착되고 있다.

예를 들어, 글로벌 시장에서 빠르게 성장하고 있는 삼성전자와 현대자동차, LG, SK, 포스코 등은 코칭 리더십을 적극적으로 도입하였다. 리더들이 코칭을 통해 직원들과 열린 대화를 나누고, 문제 해결을 위한 창의적인 접근 방식을 장려하도록 유도하면서 조직의 유연성과 글로벌 경쟁력을 키웠다. 이처럼 세계적으로 조직 내 소통, 업무 방식이 바뀌고 있는 상황에서 우리 기업들도 코칭을 도입하여 세계적인 흐름에 맞추어 성장하고 있다.

세계화된 기업 환경에서는 '한 가지 기술만 잘하는 인재'보다 끊임없이 학습하고 다양한 문화와 협업할 수 있는 인재가 더욱 요구된다. 코칭은 한국의 인재들이 자기 주도적 사고와 감정 지능(EQ)을 높이는 데 중요한 역할을 했다.

코칭이 한국의 글로벌 인재 육성에 기여한 점

자기 인식 강화: 글로벌 환경에서 경쟁력을 갖추려면 스스로의 강점과 약점을 정확히 아는 것이 중요하다. 코칭을 통해 한국의 리더와 직원들은 자신의 리더십 스타일과 커뮤니케이션 방식에 대해 성찰하는 기회를 가질 수 있었다.

적응력과 학습 능력 향상: 변화가 빠른 글로벌 시장에서는 유연한 사고가 필수적이다. 코칭을 받은 사람들은 변화를 두려워하지 않고, 새로운 상황을 적극적으로 받아들이는 태도를 가지게 되었다.

문화 간 소통 능력 향상: 코칭은 한국인들에게 다양한 문화적 차이를 이해하고 열린 태도로 소통하는 방법을 익히게 함으로써 글로벌 협업 환경에서 더 효과적으로 일할 수 있도록 만들었다.

2) 신뢰와 존중의 문화를 정착시켰다

한국 사회는 전통적으로 '집단주의 문화'가 강했고, 인간관계에서도 개인의 감정보다는 '조직과 관계 유지'가 더 중요하게 여겨지는 경우가 많았다. 그러나 세계화가 진행되면서 개인의 자율성과 다양성을 존중하는 글로벌 트렌드가 한국에 확산되었고, 코칭은 이러한 변화를 빠르게 촉진시켰다.

과거에는 회사 상사가 직원의 개인적인 삶에 깊이 개입하는 것이 자연스러웠다. 하지만 코칭이 확산되면서 "관계는 존중을 기반으로 형성된다."는 원칙이 자리 잡았고, 상대방의 개인적인 경계를 인정하는 문화가 발전하고 있다. 또한 한국에서는 감정보다는 결과 중심으로 대화하는 경우가 많았으나, 코칭은 상대의 감정을 인정하고 공감하는 커뮤니케이션 방식을 강조하며 보다 성숙한 인간관계 형성을 도왔다.

예를 들면, 우리나라 리더들은 부하 직원들이 업무 스트레스를 토로하면 "힘들어도 해야지."라고 반응하곤 했다. 하지만 코칭 문화가 정착되면서 "지금 가장 어려운 점이 무엇인가요?", "어떤 부분에서 지원이 필요할까요?" 같은 질문을 던지며 상대의 필요와 요구를 경청하여, 팀원들과의 신뢰를 높이고 더 효율적인 업무 환경을 조성하고 있다.

변화의 흐름

간접적 표현 → 명확하고 직접적인 커뮤니케이션으로

지시 중심 → 질문과 피드백을 통한 양방향 대화 방식으로

결과 중심 → 관계와 감정을 존중하고 과정도 소중히 하며 성장하는 방식으로

국내 한 IT기업이 해외 법인과 협업하는 과정에서 한국 본사 직원들은 이메일을 보낼 때 "가능하실까요?", "검토 부탁드립니다." 같은 간접적인 표현을 사용했다. 그러나 외국에서는 이런 표현이 명확하지 않다고 받아들여져, 업무 진행이 더뎌지는 문제가 있었다. 코칭을 받은 후, 직원들은 "이 프로젝트의 마감일이 3월 15일이므로, 3월 10일까지 피드백을 주실 수 있나요?"처럼 보다 명확한 표현을 사용하게 되면서 내부적인 오해와 갈등, 실수들이 확연하게 줄었다. 또한 명확하고 신속한 상대 존중의 코칭식 대화법으로 글로벌 파트너들과의 협업을 더욱 촉진시켰다.

이처럼 코칭이 도입된 지 25년이 지난 현재, 한국의 조직 문화와 인간관계 방식은 큰 변화를 겪었다. 과거의 위계적이고 명령 중심적인 방식에서

벗어나, 개인의 자율성과 다양성을 존중하는 문화가 자리 잡았으며, 인재들이 자신의 재능과 창의성을 더 자유롭게 표현하고, 기업은 이러한 인재들을 기반으로 새로운 도약을 이루어내고 있다. 코칭은 이렇듯, 한국 기업과 개인이 글로벌 환경에서 경쟁력을 가질 수 있도록 긍정적인 영향을 미쳤다.

4

성공한 리더들이
코치를 두는 이유

리더십은 단순한 직관이나 경험만으로 완성되지 않는다. 코칭은 단순한 스킬 개발을 넘어, 리더들이 자신만의 리더십 스타일을 정립하고, 불확실한 상황에서 최선의 결정을 내리며, 조직을 성장으로 이끄는 데 중요한 역할을 한다.

오늘날, 혁신적인 리더들은 코칭을 통해 명확한 비전을 설정하고, 창의적 사고를 자극하며, 조직의 성과를 극대화하는 방법을 배우고 있다. 빠르게 변화하는 시장 속에서 새로운 기회를 포착하고, 유연한 사고방식을 유지하며, 조직을 보다 지속 가능하게 운영하기 위해서는 코칭이 필수적이다. 세계적으로 가장 영향력 있는 리더들은 대부분 코칭을 적극적으로 활용하며, 이를 통해 리더십을 지속적으로 개선하고 있다.

특히, 이 책에서 다루고 있는 코칭 핵심역량들은 단순한 경영 기법이 아니라, 리더들이 팀의 잠재력을 최대한 끌어내고, 도전적인 목표를 달성하며, 조직을 변화시키는 핵심 자질을 개발하는 과정에서 중요한 역할을 한다. 다음은 세계적인 리더들이 코칭을 활용하여 어떻게 조직과 리더십을 발전시켰는지 보여주는 대표적인 사례들이다.

1) 제프 베이조스 - 혁신과 장기적 비전

아마존의 창립자인 제프 베이조스(Jeff Bezos)는 코칭을 통해 비즈니스 전략과 리더십을 발전시키고, 장기적인 비전을 명확하게 세운다. 그는 초기부터 리더로서의 통찰력을 강화하고, 변화를 기회로 전환하는 능력을 개발하기 위해 코칭을 활용했다. 아마존이 전자상거래를 넘어 클라우드 컴퓨팅, AI, 로보틱스 등 다양한 산업으로 확장할 수 있었던 이유는 유연한 사고방식과 끊임없는 혁신을 가능하게 하는 리더십 전략 덕분이었다. 베이조스는 코칭을 통해 기존의 방식에 안주하지 않고, 미래를 선도하는 아이디어를 실행하는 방법을 익혔다.

2) 사라 블레이클리 - 직관을 신뢰하는 리더십

스팽스(Spanx)의 창립자인 사라 블레이클리(Sara Blakely)는 초기에 비즈니스를 확장하는 과정에서 중요한 결정을 내릴 때 코칭을 적극 활용했다. 코칭을 통해 그녀는 자신의 직관을 신뢰하고, 실패를 두려워하지 않으며, 도전적인 목표를 설정하는 방법을 배웠다. 많은 창업가들이 초기 단계에서 불확실성과 두려움에 직면하지만, 블레이클리는 코칭을 통해 자신의 강점을 명확히 인식하고, 이를 비즈니스 성장으로 연결시키는 능력을 키웠다. 그녀의 리더십은 단순한 제품 개발이 아니라, 소비자와의 정서적 연결을 형성하는 브랜드 구축에도 중점을 둔다.

3) 브라이언 체스키 – 창의적 리더십과 조직 문화 혁신

에어비앤비(Airbnb)의 공동 창업자인 브라이언 체스키(Brian Chesky)는 초창기부터 코칭을 활용하여 창의적이고 유연한 리더십을 구축했다. 그는 전통적인 호텔 산업과 경쟁하는 과정에서 독창적인 브랜드 가치를 만들고, 고객 경험 중심의 전략을 수립하는 데 코칭의 도움을 받았다. 또한, 빠르게 성장하는 조직을 효과적으로 관리하기 위해 코칭을 통해 팀 내에서 효과적인 피드백 문화를 조성하고, 신뢰를 기반으로 한 조직 운영 방식을 개발했다.

체스키는 "코칭을 통해 리더는 팀원들에게 답을 제시하는 것이 아니라, 그들이 더 나은 해결책을 스스로 찾도록 돕는 과정"이라고 말한다. 이를 통해 그는 조직 내부에서 자율성과 창의성이 살아 숨 쉬는 문화를 구축할 수 있었다.

4) 일론 머스크 – 도전과 혁신을 이끄는 전략

테슬라와 스페이스X의 CEO인 일론 머스크(Elon Musk)는 코칭과 멘토링을 통해 자신의 비전을 현실로 전환하는 데 성공했다. 머스크는 기존 산업의 틀을 깨는 혁신적인 아이디어를 실행에 옮기는 과정에서 팀의 협업을 극대화하고, 조직 내 창의적인 해결책을 촉진하는 방법을 코칭을 통해 배웠다.

그의 리더십 스타일은 "극단적인 목표 설정"과 "빠른 실행"으로 유명하지만, 이를 뒷받침하는 것은 코칭을 활용한 의사결정 전략과 조직 운영 방식이다. 코칭을 통해 그는 감정적인 균형을 유지하면서도 명확한 전략을 세우는 방법, 도전적인 목표를 조직 전체가 함께 추진하도록 유도하는 방법을 체득했다.

5) 사티아 나델라 – 성장 마인드셋과 기업 문화 변화

2014년 마이크로소프트 CEO로 취임한 사티아 나델라(Satya Nadella)는 기존의 경직된 기업 문화를 변화시키고, "성장 마인드셋(Growth Mindset)"을 조직에 도입했다. 그는 코칭을 활용하여 직원들이 실패를 두려워하지 않고, 학습과 혁신을 지속할 수 있는 환경을 조성했다.

나델라는 코칭을 통해 경청의 중요성을 깨닫고, 직원들의 의견을 더 적극적으로 반영하는 리더십 스타일을 구축했다. 이를 통해 마이크로소프트는 닫힌 조직에서 개방적인 협력 문화를 가진 회사로 변모했고, 이러한 변화는 회사의 시장 경쟁력 강화와 주가 상승으로 이어졌다.

위 사례는 극히 일부에 불과하고, 전 세계적으로 리더들은 코치를 요청해서 역량을 개발하고 전략을 논의하며 기업 경쟁력을 올리고 있다. 이렇게 성공한 리더들이 코칭을 활용하는 이유는 단순한 기술적인 조언 때문이 아니다. 코칭은 그들에게 다음과 같은 강력한 가치를 제공한다. 리더들은 조언을 구할 곳도 없고 본받을 모델을 찾기가 힘들다. 그래서 혼란스럽고 두렵고 외롭다. 코치는 이러한 리더들의 중요한 파트너로서 리더가 대화하며 자기성찰하고 다음 단계로 나아가는 용기와 지혜와 에너지를 공급해 준다.

빠르게 변화하는 환경 속에서 장기적인 목표를 수립하고, 조직을 성장으로 이끄는 전략을 세우는 데 도움을 준다. 정형화된 사고방식에서 벗어나 새로운 접근법을 찾고, 팀원들이 더 나은 해결책을 찾도록 유도한다. 코칭을 활용하는 리더는 직원들의 의견을 경청하고, 피드백을 자유롭게 주고받으며 자율적인 조직 문화를 형성한다. 단순한 목표가 아니라, 기존의 한계를 뛰어넘는 도전적인 목표를 설정하고, 이를 실현하는 실행력을 갖추도록 한다. 과거에는 경험과 직관이 리더십의 핵심 요소였다면, 이제는 코칭을 통한 자기 성찰과 지속적인 성장이 필수적이다. 성공한 리더들은 코칭을 통해 변화의 속도를 따라잡을 뿐만 아니라, 스스로 변화를 주도하며 조직을 한 단계 높은 수준으로 이끌고 있다. 훌륭한 리더는 만들어지는 것이 아니라, 끊임없는 배움과 성장의 과정에서 형성된다. 그리고 그 여정에서 코칭은 가장 강력한 도구가 될 것이다.

3장

코칭 vs. 상담 vs. 멘토링, 뭐가 다를까?

1

코칭이 필요한 상황 vs.
상담이 필요한 상황

최근 개인의 성장과 변화가 쉽지 않다 보니 코칭, 멘토링, 상담 같은 전문가의 도움이 더 중요해지고 있다. 그런데 이 셋이 다 비슷해 보이면서도 사실 좀 달라서, "내가 지금 누구의 도움을 받아야 할까?"라는 고민이 생긴다. 사람마다 처한 상황과 목적이 다르니까, 그에 맞는 전문가도 다르다.

가끔은 목표를 세우고 싶어도 어디서부터 시작해야 할지 모를 때가 있는데, 이럴 땐 코칭이 도움이 된다. 코치가 옆에서 길을 찾도록 질문을 던져주고, 내가 뭘 원하는지 명확하게 잡아가게 도와준다. 반면에, 경험이 많은 사람한테 실질적인 조언을 듣고 싶을 땐 멘토링이 맞는다. 멘토가 자기 노하우를 나눠주면서 방향을 잡아주기 때문이다. 그런데 만약 마음속에 무거운 짐이나 과거의 상처가 있어서 힘들다면, 상담이 더 나을지도 모른다. 상담사는 깊고 복잡한 감정을 풀어내도록 도와주고 깊은 마음의 상처를 치유할 수 있게 도와주는 전문가이기 때문이다. 이렇듯 우리에게는 목적과 상황에 따라 좋은 지도자, 파트너가 필요할 때가 있다.

1) 코칭이 필요한 상황

코칭은 현재와 미래에 초점을 맞추며, 목표 달성과 성장을 지원하는 과정이다. 고객이 스스로 해결책을 찾을 수 있도록 돕고 행동을 촉진하는 것이 핵심이다. 다음과 같은 상황이라면 코칭이 적절하다.

✓ "나는 목표가 있지만, 어떻게 실행해야 할지 모르겠어."
✓ "내가 가진 잠재력을 더 잘 활용하고 싶어."
✓ "스스로 더 나아지고 싶은데, 방향을 찾기가 어려워."
✓ "커리어에서 더 성장하고 싶은데, 구체적인 계획이 필요해."

예를 들어, 한 직장인이 승진을 목표로 하지만 리더십 역량을 더 키우고 싶다고 한다면? 이 경우 상담이 아니라 코칭이 필요하다. 코치는 그 사람이 현재 가진 강점과 기회를 분석하고, 실질적인 액션 플랜을 수립하며, 목표를 달성할 수 있도록 지속적으로 피드백을 제공한다.

코칭은 지금보다 더 성장하고 싶다는 욕구를 가진 사람들에게 효과적이다. 목표 달성을 위한 동기 부여, 행동 계획, 지속적인 피드백이 핵심 요소가 된다.

2) 상담이 필요한 상황

상담은 과거의 경험과 감정적인 문제를 다루며, 내면의 치유와 회복에 초점을 맞춘다. 심리적 어려움을 겪고 있거나 감정적인 문제로 인해 일상생활이 어려운 경우 상담이 필요하다.

✓ "과거의 상처가 나를 계속 괴롭히고 있어."

✓ "스트레스와 불안 때문에 일상생활이 힘들어."

✓ "감정 조절이 어렵고, 부정적인 생각이 자꾸 들어."

✓ "대인관계에서 계속 반복되는 문제가 있어."

예를 들어, 한 사람이 과거의 트라우마로 인해 자신감이 부족하고, 인간관계에서 어려움을 겪고 있다면? 이 경우 상담을 통해 감정을 다루고 심리적 회복을 돕는 것이 필요하다. 상담은 내면의 문제를 해결하고 싶다는 사람들에게 효과적이다. 감정을 탐색하고, 과거의 상처를 치유하며, 건강한 마음가짐을 회복하는 과정이 포함된다.

2

코칭과 상담,
무엇을 선택해야 할까?

많은 사람들이 코칭과 상담의 차이를 혼동한다. 특히, "나는 상담이 필요할까, 아니면 코칭이 필요할까?"라는 질문을 스스로 던져보지만 명확한 기준을 찾기 어려워하는 경우가 많다. 하지만 두 접근 방식은 초점과 목적이 다르기 때문에, 현재 자신의 상태와 해결하고자 하는 문제가 무엇인지 파악하는 것이 중요하다.

1) 코칭과 상담의 핵심 차이

코칭과 상담의 가장 큰 차이는 초점이 어디에 있느냐에 있다.

· **코칭은 현재와 미래에 집중한다:** 목표를 설정하고 성취하는 과정에 초점을 맞추며, 개인이 원하는 방향으로 나아가도록 돕는다.

· **상담은 과거와 감정적인 문제를 다룬다:** 과거의 경험, 심리적 상처, 정서적인 문제 등을 탐색하고 치유하는 것이 상담의 핵심이다.

코칭과 상담은 완전히 분리된 개념이 아니라 서로 보완적인 역할을 할 수 있다. 때로는 상담을 통해 감정적인 문제를 정리한 후, 코칭을 받아 목표를 설정하고 실행할 수도 있다.

2) 언제 코칭을 받아야 할까?

코칭은 현재의 상황을 개선하고 미래의 목표를 달성하기 위한 솔루션을 찾는 과정이다. 스스로 실행할 의지가 있지만, 명확한 방향 설정이나 구체적인 계획이 필요할 때 코칭이 적합하다.

- ✓ "내가 성장할 수 있는 방법을 찾고 싶다."
- ✓ "목표는 있는데 실행이 어려워서 막막하다."
- ✓ "리더십이나 커뮤니케이션 능력을 키우고 싶다."
- ✓ "지금보다 더 나아지고 싶은데, 구체적인 전략이 필요하다."

예를 들어, 한 직장인이 승진을 원하지만 리더십 역량을 키워야 한다면, 이 경우 상담이 아니라 코칭이 필요하다. 코칭을 통해 현재 가진 강점과 기회를 분석하고, 실질적인 액션 플랜을 수립하며, 목표를 달성할 수 있도록 지속적으로 피드백을 받을 수 있다.

또한, 커리어 전환을 고려하는 사람이 있다면, 코칭을 통해 자신의 핵심 역량과 가치를 탐색하고, 새로운 직업적 방향을 구체화할 수 있다. 이러한 과정에서 코치는 고객이 스스로 해결책을 찾도록 돕고 실행을 촉진하는 역할을 한다.

3) 언제 상담을 받아야 할까?

상담은 감정적인 문제를 다루고, 내면의 치유와 회복을 돕는 과정이다. 삶에서 반복적으로 힘든 감정을 경험하거나 과거의 상처로 인해 현재의 삶이 어렵다면 상담이 필요하다.

✓ "과거의 경험이 나를 계속 괴롭히고 있다."

✓ "스트레스와 불안으로 인해 일상생활이 힘들다."

✓ "자신감이 부족하고, 반복적으로 부정적인 감정이 든다."

✓ "대인관계에서 계속 갈등을 겪고 있다."

예를 들어, 한 사람이 어린 시절의 트라우마로 인해 자신감을 갖지 못하고 인간관계에서도 어려움을 겪고 있다면? 이 경우 상담을 통해 감정을 다루고 심리적 회복을 돕는 것이 필요하다.

또한, 우울감이나 극심한 불안으로 인해 일상생활이 어렵다면, 상담을 통해 감정의 원인을 탐색하고 건강한 정서적 균형을 찾는 것이 우선시되어야 한다. 상담은 마음의 상처를 회복하고, 감정을 탐색하며, 삶을 보다 긍정적인 방향으로 이끌도록 돕는다.

4) 코칭과 상담, 어떻게 선택할까?

코칭과 상담은 각각의 목적과 방식이 다르지만, 결국 개인의 성장과 변화를 돕는다는 공통된 목표를 가진다. 중요한 것은 자신의 현재 상태를 점검하고 어떤 방식이 더 적절한지 결정하는 것이다.

간단한 판단 기준

✓ 미래의 성장과 목표 달성이 필요하다면? → 코칭!

✓ 과거의 문제와 감정을 해결하고 싶다면? → 상담!

✓ 만약 한 사람이 직장 내에서 성과를 높이고 싶은데, 업무 스트레스와 감정적인 불안감이 심해 집중하기 어렵다면? → 상담 후 코칭

✓ 스트레스의 근본적인 원인과 감정을 해결하고 싶다면 → 상담!

✓ 스트레스를 관리하면서도 목표를 달성하는 방법을 찾고 싶다면 → 코칭!

이처럼 자신의 현재 상태와 필요를 고려하여 선택하는 것이 중요하다. 그리고 경우에 따라 상담과 코칭을 병행할 수도 있다. 예를 들어, 상담을 통해 감정적인 어려움을 해소한 후, 코칭을 통해 새로운 목표를 설정하고 실행하는 방식도 가능하다.

코칭과 상담은 각각의 역할이 다르지만, 올바르게 선택하고 활용한다면 개인의 성장과 변화를 극대화하는 강력한 도구가 될 수 있다.

3

코칭과 멘토링은
무엇이 다를까?

현대 사회에서는 빠르게 변화하는 환경 속에서 개인의 성장과 커리어 발전이 중요해졌다. 많은 사람들이 전문가로부터 도움을 받으며 자신의 역량을 강화하고자 한다. 하지만 나에게 코칭이 필요할까, 멘토링이 필요할까라는 고민을 하는 경우가 많다.

코칭과 멘토링은 모두 개인의 성장과 발전을 돕는 강력한 도구이지만, 접근 방식과 초점이 다르다. 그렇다면 어떻게 하면 이 두 가지를 적절하게 활용하여 더 효과적인 성장을 이룰 수 있을까?

1) 코칭과 멘토링, 무엇이 다를까?

많은 사람이 코칭과 멘토링을 비슷한 개념으로 생각하지만, 두 가지는 본질적으로 다른 역할을 한다.

코칭(Coaching)

· 고객이 스스로 해결책을 찾고 목표를 달성하도록 돕는다.

· 특정한 답을 주기보다는 질문과 대화를 통해 내면의 통찰을 이끌어낸다.

· 특정 분야의 경험이 없어도, 코칭 기술만으로도 고객의 성장과 변화를 도울
  수 있다.

· 고객의 역량을 극대화하는 데 초점이 맞춰져 있다.

멘토링(Mentoring)

· 멘토가 자신의 경험과 지식을 바탕으로 조언을 제공한다.

· 특정한 분야에서 경험이 풍부한 사람이 후배나 신입에게 방향을 제시한다.

· 시행착오를 줄이고 빠르게 성장할 수 있도록 실질적인 가이드를 준다.

· 특정 업계나 직무에서 성공하기 위한 전략을 공유하는 것이 핵심이다.

한 마디로 정리하면 코칭은 상대가 스스로 답을 찾도록 돕는 과정이며, 멘토링은 멘토의 지식과 경험에서 나오는 답을 상대에게 주는 과정이다.

2) 코칭과 멘토링, 언제 필요한가?

두 가지 접근 방식은 목적과 상황에 따라 다르게 적용된다.

코칭이 필요한 상황

· 명확한 목표가 있지만, 실행 방법이 막막할 때

· 내면의 성장과 자기 탐색이 필요할 때

· 행동 변화를 통해 더 나은 성과를 만들고 싶을 때

· 스스로 문제를 해결하는 역량을 키우고 싶을 때

멘토링이 필요한 상황

· 새로운 분야에 진입하거나 경험이 부족할 때

· 성공한 사람의 노하우와 실질적인 조언이 필요할 때

· 특정 업계에서 네트워크를 구축하고 싶을 때

· 시행착오를 줄이고 빠르게 성장하고 싶을 때

예를 들어, 한 신입 마케터가 있다면 멘토링을 통해 업계 트렌드, 실무 노하우, 커리어 개발 방향에 대한 구체적인 조언을 받을 수 있다. 그리고 코칭을 통해 자신의 강점과 목표를 탐색하고, 실행 가능한 전략을 세울 수 있다.

4

코칭과 멘토링을
효과적으로 병행하는 방법

코칭과 멘토링을 함께 활용하면 더 강력한 성장 효과를 얻을 수 있다. 다음은 효과적으로 병행하는 세 가지 방법이다.

멘토링을 먼저 받고, 코칭을 활용하여 실행력을 높인다.

멘토링을 통해 업계 경험과 실질적인 노하우를 배운 후, 코칭을 통해 자신만의 방식으로 실행 전략을 세울 수 있다.

예를 들어, 창업을 준비하는 사람이 있다고 하자.

· 멘토링: 성공한 창업자로부터 사업 운영, 투자 유치, 시장 진입 전략을 배운다.

· 코칭: 배운 내용을 바탕으로 자신만의 사업 계획을 세우고, 목표를 설정하여 실천해 나간다.

이처럼 멘토링은 지혜로운 답을 빨리 얻도록 도움을 준다면, 코칭은 행동을 촉진하는 데 도움을 준다.

코칭을 통해 자기 탐색을 한 후, 멘토링을 활용해 구체적인 실행 전략을 만든다

자신의 강점과 목표를 명확히 한 후 멘토링을 받는 것도 효과적인 방법이다. 예를 들어, 한 직장인이 커리어 전환을 고민하고 있다고 하자.

- **코칭:** 자신의 강점, 가치관, 적성 등을 분석하고, 어떤 커리어 방향이 자신에게 맞는지 탐색한다.
- **멘토링:** 해당 분야의 전문가로부터 실질적인 경로, 필요한 스킬, 네트워크 구축 방법 등을 배운다.

이처럼 먼저 나는 무엇을 원하는가를 탐색한 후, 멘토링을 통해 구체적인 실행 전략을 세울 수 있다.

토링과 코칭을 번갈아 활용하여 지속적인 성장 시스템을 만든다

멘토링과 코칭을 일정한 주기로 활용하면, 꾸준한 성장과 성과 개선이 가능하다.

- ✓ 1~3개월 차: 멘토링을 통해 업계 이해도 및 기본 역량을 쌓는다.
- ✓ 4~6개월 차: 코칭을 통해 실행력을 높이고, 목표를 구체적으로 설정한다.
- ✓ 7~12개월 차: 멘토의 직접적인 피드백을 받으며 코칭으로 성장의 추진력을 높인다.

이렇게 하면, 멘토링으로 방향을 잡고, 코칭으로 실천하며, 피드백을 받아 지속적인 성장의 선순환을 만들 수 있다.

단기적인 실행력과 장기적인 성장 방향을 동시에 확보할 수 있다. 멘토링을 통해 경험적 지식을 얻고, 코칭을 통해 자기주도적 실행력을 키울 수 있다. 멘토링은 빠르고 직접적인 도움을 제공하고, 코칭은 내면의 동기와 의지를 강화한다. 멘토링과 코칭은 대립되는 개념이 아니라 상호보완적인 관계다. 따라서 두 가지를 효과적으로 병행하면 빠르게 변화하는 시대에서 더 유연하고 강력한 성장을 이룰 수 있다.

5

코칭이 꼭
필요한 상황

과거에는 단순히 '열심히 일하는 것'이 성공의 중요한 요소였다면, 이제
는 '어떻게 일하느냐'가 더 중요해졌다. 하지만 변화의 속도가 빠르면 빠를
수록 사람들은 더 큰 혼란을 경험하고 도전 과제에 직면하게 된다.

이런 시대에, 코칭은 개인과 조직이 성장하는 데 중요한 역할을 한다. 단
순히 기술을 익히고 목표를 달성하는 것을 넘어, 변화를 효과적으로 관리
하고 지속적인 성장을 이루도록 돕는 것이 코칭의 핵심이다. 그렇다면, 현
대 사회에서 코칭이 해결할 수 있는 주요 도전 과제들은 무엇일까?

1) 빠르게 변화하는 환경에서의 적응력 부족

과거에는 한 번 배운 기술과 지식이 오랫동안 유용하게 쓰였다. 하지만
지금은 다르다. 몇 년 전까지 유망했던 직업이 이제는 사라지기도 하고, 새
로운 기술이 등장하면서 기존의 일자리가 급격히 변화하고 있다. 예를 들
어, AI(인공지능)의 발전으로 인해 많은 직무가 자동화되면서, 단순한 업무를

수행하는 사람들은 도태될 위험에 처해 있다.

이런 변화 속에서 중요한 것은 빠르게 적응하는 능력이다. 하지만 많은 사람들이 변화에 대한 두려움과 불안으로 인해 새로운 시도를 주저한다.

코칭이 제공하는 해결책

코칭은 사람들의 변화에 대한 두려움을 극복하도록 돕는다.

· 코치는 고객이 현재의 변화를 객관적으로 인식하고 이를 성장의 기회로 활용할 수 있도록 돕는다.

· 코칭을 통해 고객은 자신이 가진 역량을 분석하고 변화 속에서도 활용할 수 있는 강점을 찾는다.

· 코치는 질문을 통해 고객이 새로운 도전을 시도하도록 동기를 부여한다.

예시 질문

· "현재 당신이 겪고 있는 변화 중 가장 큰 도전은 무엇인가요?"

· "이 변화를 기회로 활용하기 위해 어떤 선택을 할 수 있을까요?"

· "새로운 환경에서 당신의 강점은 무엇이라고 생각하나요?"

변화는 위기가 아니라, 성장을 위한 기회가 될 수 있다. 코칭은 이를 효과적으로 활용하도록 돕는 도구다.

2) 목표는 있지만 실행력이 부족한 사람들

많은 사람들이 꿈과 목표를 가지고 있지만, 실제로 이를 실현하는 과정에서 어려움을 겪는다.

· 새로운 사업을 시작하고 싶지만, 어디서부터 시작해야 할지 모른다.

· 더 나은 직장을 찾고 싶지만, 막연한 두려움 때문에 도전하지 못한다.

· 건강한 습관을 만들고 싶지만, 작심삼일이 반복된다.

이런 문제들은 단순한 의지 부족이 아니라, 실행을 방해하는 내면적 장애물에서 비롯된다.

코칭이 제공하는 해결책

코칭은 사람들이 목표를 실행할 수 있도록 구체적인 행동 계획을 수립하고 지속적으로 실천하도록 돕는다.

· 코치는 고객이 목표를 현실적으로 조정하고 실행 가능한 단계로 나눌 수 있도록 돕는다.

· 고객이 스스로 변화를 만들어 가도록 동기 부여하고 성취감을 느낄 수 있도록 격려한다.

· 코치는 고객이 장애물을 극복할 수 있도록 강점과 자원을 찾는 데 도움을 준다.

예시 질문

· "당신이 이루고 싶은 목표는 무엇인가요?"

· "목표를 이루기 위해 가장 먼저 할 수 있는 작은 행동은 무엇인가요?"

· "이 목표를 달성하기 위해 어떤 자원을 활용할 수 있을까요?"

목표를 세우는 것은 쉽지만, 이를 실현하는 것은 어렵다. 코칭은 목표를 단순한 희망이 아니라, 현실이 될 수 있도록 돕는 과정이다.

3) 커뮤니케이션과 리더십의 변화

과거의 조직에서는 명령과 통제가 중심이 되는 리더십이 효과적이었다. 하지만 지금은 그것이 효과적이지 않다고 말한다. 그 이유는 다음과 같다.

- 세대 간의 소통 방식이 다르다. X세대와 MZ세대가 함께 일하는 환경에서는 상하 관계가 아니라 협력적인 커뮤니케이션이 중요하다.
- 고객과의 관계가 변화했다. 단순히 좋은 제품을 제공하는 것이 아니라, 고객과 지속적인 신뢰 관계를 구축하는 것이 필수적이다.
- 리더의 역할이 달라졌다. 과거에는 리더가 모든 것을 결정하고 지시했다면, 이제는 팀원들의 강점을 살려 협력하는 리더십이 요구된다.

코칭이 제공하는 해결책

코칭은 효과적인 커뮤니케이션과 리더십을 개발하는 데 필수적인 도구다.

- 코칭을 통해 리더들은 팀원들의 강점을 파악하고, 동기 부여하는 방법을 배울 수 있다.
- 팀 내 갈등이 발생했을 때, 코칭을 활용하여 원활한 대화를 이끌어 갈 수 있다.
- 코칭 기법을 활용하면 고객과의 관계도 더욱 신뢰 기반으로 구축할 수 있다.

예시 질문

- "당신의 팀원들은 무엇을 가장 중요하게 생각하나요?"

· "팀 내에서 효과적인 커뮤니케이션을 위해 어떤 노력이 필요할까요?"

· "당신이 더 나은 리더가 되기 위해 오늘부터 실천할 수 있는 작은 변화는 무엇인가요?"

결국, 리더십과 커뮤니케이션의 변화는 단순한 스킬이 아니라, 사고방식의 전환에서 시작된다. 코칭은 리더가 기존의 고정관념에서 벗어나, 새로운 방식으로 팀을 이끌 수 있도록 돕는다.

변화의 시대에는 누구나 도전과 기회를 동시에 마주한다. 빠르게 변화하는 환경에서 적응하는 능력이 있어야 하고, 목표를 실행으로 옮기는 능력, 새로운 리더십과 커뮤니케이션 방식의 습득 이 모든 것이 중요한 성공 요소가 되었다. 변화는 피할 수 없는 현실이다. 하지만 그 변화를 어떻게 활용하느냐는 선택의 문제다.

4장

좋은 코치와 나쁜 코치의
결정적 차이

1

누구를 위한 코칭인가?
고객 vs. 코치

"코칭의 주인공은 고객이다. 코치는 무대 뒤에서 조명을 비추는 사람일 뿐."

좋은 코치는 고객의 꿈과 가치를 중심에 둔다. 고객이 스스로 길을 열어 가도록 섬세하게 돕는 조력자다. 반면, 나쁜 코치는 무대 위로 뛰어올라 스포트라이트를 자신에게 돌린다. 자신의 경험과 성공을 과시하며 고객에게 "내 방식대로 따라와."라고 강요한다.

A 씨는 자신의 브랜드를 키우기 위해 코칭을 받았다. 첫 번째 코치는 세션이 시작되자마자 자신의 성공담을 늘어놓으며 "나를 따라서 좀 열심히 해봐."라는 분위기로 이끌어갔다. A 씨는 코치의 강한 리더십에 이끌려서 점점 자신의 목소리가 묻히는 느낌을 받았고, 코칭이 끝날 때쯤엔 오히려 자신감이 더 떨어졌다.

두 번째 코치는 달랐다. "당신이 꿈꾸는 브랜드는 어떤 모습인가요?"라는 질문으로 시작해 A 씨의 생각과 감정에 깊은 관심을 가지고 이야기를 끝까지 경청했다. 생각해야 할 좋은 질문들을 통해 A 씨 자신의 가치와 강점을 깨닫고, 자신만의 길을 그릴 수 있게 해주었다. 세션이 끝난 후 A 씨는 "이제 내가 뭘 해야 할지 알겠어요."라며 눈빛이 반짝였다.

좋은 코치와 나쁜 코치 ①

· **좋은 코치**: 고객의 목표를 존중하며, 그들이 스스로 답을 찾는 여정을 함께한다.
· **나쁜 코치**: 자신의 실력을 앞세워 고객에게 "정답"을 강요한다.

2

질문을 던지느냐,
답을 던지느냐

"좋은 코치는 자신의 생각이나 철학을 강조하지 않고, 고객이 자신의 빛나는 답을 꺼내도록 돕는다."

좋은 코치는 고객의 말을 귀 기울여 듣고, "언제?", "어떻게?" 같은 열린 질문을 던진다. 그 질문은 고객이 자신의 내면을 들여다보게 하는 안내자이며 파트너의 역할을 한다. 반면, 나쁜 코치는 고객의 이야기에 개입해서 코치의 생각과 방향을 강요하며 "이렇게 하세요."라며 단칼에 뻔한 결론을 내린다.

팀원들과의 소통 문제로 고민하던 신입 관리자가 코칭을 찾았다. "팀원들이 제 말을 안 들어요."라고 털어놓자, 좋은 코치는 "당신이 팀원들과 소통할 때 가장 힘든 순간이 언제인가요?"라고 물었다. 그 질문을 시작으로 관리자는 자신의 소통 방식을 돌아보고, 팀원들과 신뢰를 쌓는 방법을 스스로 찾아갔다.

반면, 다른 코치는 "리더십은 강단이죠. 단호하게 밀어붙이세요!"라는 조언을 던졌다. 하지만 그 방식은 관리자의 성향과 맞지 않았고, 팀원들과의 갈등은 더 커졌다. 결국 그는 "코칭이 오히려 나를 망쳤다."고 느꼈다.

좋은 코치와 나쁜 코치 ②

· **좋은 코치:** 깊은 경청과 강력한 질문을 통해 고객의 통찰을 끌어낸다.

· **나쁜 코치:** 충분히 듣지 않고 자신의 잣대로 조언을 강요한다.

3

안전한 공간 vs. 판단의 늪

"고객이 마음을 열지 못한다면, 코칭은 문조차 열리지 않는다."

좋은 코치는 고객이 부담 없이 자신을 드러낼 수 있는 따뜻한 공간을 만든다. 어떤 이야기든 비난 없이 받아주는 태도로 신뢰를 쌓는다. 나쁜 코치는 반대로 고객을 평가하고, "그건 잘못됐어요."라며 판단의 잣대를 들이댄다.

한 임원이 "내가 조직에서 제대로 리더십을 발휘하고 있는지 모르겠어요."라며 코칭을 찾았다. 좋은 코치는 "당신이 바라는 리더십은 어떤 모습인가요?"라며 그의 고민을 탐색할 공간을 열었다. 임원은 점점 솔직해졌고, 자신만의 리더십 스타일을 발견하며 미소를 되찾았다.

나쁜 코치는 달랐다. "당신이 리더십을 못 발휘하는 건 당신의 태도 문제예요."라며 단정적인 평가를 내렸다. 임원은 방어적으로 변했고, "내가 부족한 사람"이라는 생각만 깊어졌다. 코칭은 그에게 좌절과 상처를 남겼을 뿐이다.

좋은 코치와 나쁜 코치 ③

· **좋은 코치**: 안전한 분위기로 고객의 진짜 의도를 끌어낸다.

· **나쁜 코치**: 판단과 비판으로 고객을 위축시키고 자신감을 떨어트린다.

4

가능성을 열어주느냐, 한계를 짓느냐

"좋은 코치는 고객의 날개를 달아주고, 나쁜 코치는 그 날개를 자른다."

좋은 코치는 고객이 새로운 가능성을 꿈꾸도록 북돋는다. 실패조차 배움의 발판으로 삼게 하며, "당신은 더 멀리 갈 수 있다."고 믿음을 준다. 반면, 나쁜 코치는 "그건 무리예요."라며 고객의 꿈에 한계를 긋는다.

"경력이 부족해서 새로운 분야로 옮기기 어려울 것 같아요."라며 망설이던 직장인. 좋은 코치는 "지금까지의 경험 중 새 분야에 가져갈 수 있는 당신만의 강점은 뭐라고 생각하나요?"라는 질문을 던졌다. 그 질문은 직장인의 시야를 넓혔고, 그는 "내가 해볼 만하겠네."라며 첫걸음을 뗐다.

나쁜 코치는 "경력이 없으면 힘들죠. 지금 자리에서 더 버티는 게 현실적이에요."라며 도전을 막았다. 직장인은 결국 꿈을 접고, "내가 할 수 있는 건 여기까지인가."라는 체념만 남았다.

좋은 코치와 나쁜 코치 ④

· **좋은 코치**: 고객의 잠재력을 믿고 새로운 도전을 응원한다.

· **나쁜 코치**: 한계를 규정하며 고객의 가능성을 가둔다.

5

좋은 코치가 갖추어야 할
7가지 자질

코칭은 사람의 마음을 깨우고 그들이 스스로 길을 열게 하는 따뜻한 빛이다. 뛰어난 코치는 질문을 던지는 도구가 아니라, 고객의 한계를 넘어 새로운 꿈을 그리게 하는 길잡이다. 그들이 품어야 할 빛나는 자질은 무엇일까?

1) 사람을 살리는 열정

좋은 코치는 고객의 성장을 진심으로 원하는 사람이다. 고객의 목적이나 문제, 꿈 등을 마치 내 것처럼 여기며 그들의 세계로 들어가 같은 생각, 같은 느낌을 느껴보아야 한다. 고객이 진정으로 원하는 것이 무엇인지 찾아내고 이해하면, 진정으로 원하는 것을 이루도록 돕고 싶은 열정이 솟아오른다. 고객을 살리고 싶어 하는 코치의 열정이 전달될 때 고객은 자기를 돌아보고 자기의 소중함을 인식하며 자기의 가능성을 믿기 시작하는 것이다. 이렇게 고객은 자신을 향한 코치의 열정을 느낄 때 진정으로 자기의 가치와 가능성을 믿기 시작하는 것이다.

2) 마음을 읽는 공감의 눈

좋은 코치는 귀뿐 아니라 가슴을 연다. 고객의 흔들리는 목소리, 숨긴 한숨을 느끼고, 말하지 않은 감정까지 껴안는다. 공감은 신뢰의 다리다. 기쁠 때는 같이 기뻐해 주고, 슬플 때는 같이 슬퍼해 주는 것이 공감이다. 상대의 마음을 이해하고 함께해주고 싶다는 마음을 목소리와 어투, 표정, 여러 가지 사인을 통해 전달하는 노력은 관계형성의 기본이다.

3) 본질을 여는 질문의 열쇠

좋은 코치는 겉도는 말이 아닌, 핵심을 찌르는 질문을 던진다. 좋은 질문은 고객의 생각을 바꾸고, 스스로 답을 찾도록 마음의 문을 여는 열쇠다. 우리가 답을 알고 있다 해도 남이 주는 답은 마음이 움직이지 않는다. 이해도 되고 납득도 되지만 내 것이 아니기 때문에 내가 시행하기도 힘들다. 좋은 답, 가치 있는 충고도 내 상황과 감정에 와닿지 않으면 소용이 없다. 따라서 우리는 정말 좋은 답과 대안을 가지고 있다고 해도 답을 주기보다는 질문으로 바꾸어서 상대가 스스로 생각하고 깨닫고 찾을 수 있도록 해야 한다.

4) 숨은 길을 찾는 직관의 등불

좋은 코치는 표면의 고민을 넘어 그 뒤에 숨은 진짜 이야기를 찾아낸다. 고객의 이야기와 표정, 어투, 숨소리 등으로부터 고객의 상태와 원하는 것을 찾아내는 것이 직관이 하는 일이다. 직관은 어둠 속에서 순간적으로 '번

쩍'하고 스쳐가는 번개불처럼 나타난다. 사람에 대한 연구를 많이 하고 경험이 많은 코치는 직관력도 발달한다. 많은 지식과 경험은 빅데이터가 되어 내면에 쌓인다. 그 많은 데이터들을 토대로 섬광과 같은 직관이 나오는 것이다. 그 직관에서 기발한 아이디어와, 창의성, 탁월한 질문들이 나온다.

5) 꿈을 키우는 동기의 바람

좋은 코치는 고객이 숨겨놓은 꿈, 잊힌 꿈에 불을 붙여서 활활 타오르게 한다. 누구에게나 꿈은 있지만 교육환경과 사회 구조 속에서 뒷전으로 밀려나고 오랫동안 그 상태가 지속되면 꿈이 없는 기계적인 삶을 살게 된다. 사회 구조 속에서 하나의 부속물처럼 사는 삶은 가치 있게 느껴지지도 않고 행복하지도 않다. 코치는 사람들의 꿈을 찾아내서 꿈을 향해 열정적인 삶을 살도록 도울 수 있어야 한다.

6) 사람마다 맞춤으로

좋은 코치는 고객 내면의 상태와 감정, 가치, 강점, 스타일 등을 신속하게 파악하고 그 스타일에 맞추는 노력을 해야 한다. 사실, 훈련이 잘된 숙련된 코치는 고객의 스타일을 자동으로 인식하고 맞춘다. 만일 고객이 자신의 길을 쉽게 찾지 못하고 답답해하거나 왠지 코치의 질문이나 피드백을 어색해한다면 코치가 잘 맞추지 못하고 있다는 증거다.

7) 진정한 솔루션을 찾도록 돕는 통찰력

좋은 코치는 고객이 겉으로 보이는 고민을 넘어 진짜 해결책을 발견하게 한다. 단순히 결과를 도출하려는 마음이 아니라 깊은 통찰로 고객 스스로 길을 찾도록 돕는다. 고객은 같은 상황에서 같은 문제를 놓고 관점을 바꿈으로써 모든 문제를 해결할 수 있다.

"업무가 너무 많아요. 어떻게 해야 할지 모르겠어요."라며 지친 직원. 코치는 물었다. "많은 업무량을 중요한 것부터 처리한다면 우선순위는 무엇인가요?" 그는 잠깐 생각하더니, "아, 누군가 급하다고 주는 일이 아니라 중요한 것이 무엇인지 구별해서 그것을 먼저 처리해 나가면 효과적이겠네요." 하고 말하며 얼굴이 밝아졌다.

좋은 코치는 고객이 자신의 능력과 상황을 돌아보고 그들이 탁월한 답을 찾아나가도록 돕는 동행자다. 고객은 종종 바로 눈앞에서 벌어지는 일에 사로잡혀서 혼란해 한다. 코치는 고객이 스스로를 성찰하며 새로운 시각으로 상황을 바라보고, 재해석하고, 가장 좋은 솔루션을 찾아나가도록 통찰력을 제공해야 한다.

2부

코치의 핵심역량과
ICF 시험 가이드

1장

코칭 핵심역량 뽀개기
: 기초 다지기

1

탁월한 코치를 위한
ICF 코칭 스킬이란

1) ICF 코칭 역량이란 무엇인가?

ICF 코칭 핵심역량은 코치가 고객의 성장을 돕고 잠재력을 발휘할 수 있도록 지원하기 위해 설계되었다. 본서는 ICF 코칭 핵심역량을 네 가지 영역과 여덟 가지 역량으로 나누어 설명한다. 고객의 신뢰를 쌓는 법, 대화의 깊이를 더하는 경청과 질문의 기술, 피드백을 통해 고객의 목표를 지원하는 방법 등 실제로 활용 가능한 내용들로 구성되었다.

2) 성장하는 코치를 위한 길잡이

이 책은 코칭을 처음 시작한 사람뿐만 아니라, 이미 코칭 경험이 있지만 자신의 역량을 한 단계 높이고 싶은 사람들에게도 유용하다. 책에서는 강력한 질문을 던지는 법, 침묵을 활용해 고객의 성찰을 돕는 방법, 직관과 통찰에 기반한 피드백 기술 등을 다룬다. 코치는 지속적인 배움과 깨달음을 통해 성장해야 한다. 이 책은 코치로서의 커리어를 확장하고, 고객과의 관계에서 더 깊은 변화를 이끌어내는 능력을 키워준다.

3) 실전 연습을 통한 실력 증진

코치들은 이론과 실습을 통해 전문성을 얻지만 다양한 실전 경험이 부족할 수 있다. 초보 코치와 전문 코치 모두에게 생생한 실전 경험은 필수적이다. 각 장에서는 실제 코칭 상황을 기반으로 한 시나리오와 해설이 제공되며, 독자는 이를 통해 다양한 코칭 상황을 경험하고 그 안에서 적절히 대응하는 연습을 할 수 있다. 최선의 선택과 최악의 선택을 비교하면서, 현장에서 코치로서 꼭 해야 할 것과 하지 말아야 할 것을 확실히 구분할 수 있게 된다.

4) 코치로서 가치를 강화하는 길

코치로서의 진정한 전문성은 고객의 삶에 긍정적인 변화를 만들어내는 코칭 마인드에서 나온다. 이는 자신만의 코칭 철학과 스타일을 정립하고 내면적 깊이를 더하는 과정에서 완성된다.

단순히 경험 많고 리더십이 뛰어난 사람이나 말을 잘하는 사람이라고 해서 코치라고 할 수 없다. 전문적인 코칭 스킬과 고객의 변화를 이끌어내는 능숙한 역량이 필요하며, 자신의 내적 가치가 자연스럽게 드러나야 한다. 이 책은 사람과 세상을 긍정적인 방향으로 변화시키고자 하는 코치들의 전문성을 강화시켜 줌으로써 코치의 역량을 심화하고 코치 스스로의 존재 가치를 빛나게 할 것이다.

2

ICF 필기시험에서 보는
코칭 역량

ICF 필기시험은 지식을 확인하는 정도를 넘어 실제 코칭 상황을 재현하여 코치의 실력을 평가한다. 시험 문제는 시나리오 기반으로 구성되어 현실적인 코칭 상황을 다룬다. 이 책은 독자들에게 문제를 분석하는 방법과 전략을 체계적으로 제공한다. 필기시험에서의 성공뿐만 아니라, 실제 코칭 현장에서 고객의 문제를 효과적으로 다룰 수 있는 능력을 확실하게 업그레이드할 수 있다.

이 책 전체를 최소한 3번 읽기를 권유한다.

첫 번째는 그냥 가볍게 책의 구성과 분위기를 파악하는 정도로 가볍게 읽는다. 처음부터 너무 정독하며 하나하나의 문제 자체에 몰두하면 시각이 좁아지고 쉽게 지칠 수 있다.

두 번째 읽을 때는 내용 파악과 그 내용이 어떤 스킬을 요구하는지를 탐색하며, 답이 무엇인지 고민하면서 읽는다. 어떤 경우는 질문에 어떤 스킬로 이 문제를 해결할지를 유추할 수 있도록 구성된 질문도 있다. 그러나 질문만 봐서는 어떤 스킬을 사용해야 할지 알 수 없는 질문도 있다. 질문에서 스킬을 유추할 수 없을 경우에는 답문을 유심히 보아야 한다. 답문에 스킬적인 표현이 구사되어 있고 읽어 내려가다 보면 '아, 이거구나.' 하는 감이 온다. 그러나 답처럼 보이는 문제를 발견했다고 해서 바로 그것이 최선의 답이라고 단정 지으면 안된다. 모든 답문을 다 읽은 후에 네 가지를 다시 비교하면서 최선의 답과 최악의 답을 정확하게 선별해야 한다.

세 번째 읽을 때는 문제들의 패턴과 특징을 파악하면서 읽는다. 예를 들어 윤리 문제는 윤리에 대한 내용이 포함되었다는 패턴이 있고, 감정과 관련된 문제는 신뢰와 안전감, 프레즌스, 경청 등과 관련되어 있다는 패턴이다. 그리고 의식 확장은 질문이 난해하고 다양한 복선이 혼재되어 있어서 쉽게 어떤 스킬을 요하는지를 알 수 없다는 특징이 있다. 이와 같이 목표나 성장 촉진도 각각 그 문제의 특징이 있다. 이러한 문제의 특징과 패턴을 읽혀두면 실전 시험에서 다른 문장과 사례, 다양한 문맥으로 나온다 해도 즉석에서 간파할 수 있다.

문제에서 나타나는 시나리오의 의도를 파악하고 그 문제를 어떤 스킬로 해결해야 하는지를 정확하게 파악하는 것이 시험 합격의 키다. 그 최선의 답을 찾고 나면 최악의 답이 쉽게 보인다. 대부분은 최선의 답과 반대되는 것이 최악의 답이 된다. 어떤 경우에는 최악의 답이 먼저 보일 때도 있다. '이건 아니지.'라는 생각이 드는 답이 바로 그것이다. 그럼에도 늘 네 가지 답문을 다 살펴본 후에 다시 최선의 답과 최악의 답을 선별함으로써 오차가 없도록 주의해야 한다.

이 모든 문제와 답들은 실제 코칭 현장에서 일어나는 생생한 사례를 사용하고 있으므로, 독자는 문제를 3번 이상 보는 사이에 자신이 실제 코칭 현장에서 어떻게 고객과 문제에 대처해야 할지에 대한 실제적인 전략이 생긴다. 자신이 경험한 적 없는 코칭 상황을 간접적으로 경험하는 효과를 얻게 되는 것이다. 이러한 이유로 코칭 현장에서 일어날 수 있는 상황을 묘사한 시나리오와 스킬을 사용한 대응 방법을 숙지하게 되면 전문 코치로 거듭나게 되는 것이다. 이 필기시험에 합격하고 나면 그동안 머릿속에서 떠돌아만 다니던 스킬들이 제자리를 잡게 되고, 고객의 다양한 상황에 당황하지 않고 대응하는 능력을 갖게 된다. 우리는 이러한 과정을 거치면서 실제 실력을 갖춘 ACC, PCC, MCC 자격증을 가진 탁월한 전문 코치가 되는 것이다.

3

ICF 코칭
핵심역량 프레임

코치로서의 여정은 흥미롭고 보람차지만, 복잡하고 어려운 상황에 부딪히기도 한다. 고객과 대화를 나누며 내가 정말 그들의 의도를 이해하고 있는지, 아니면 단순히 형식에 맞춘 표면적인 대화를 하고 있는지 고민될 때가 있다. 그럴 때야말로 ICF 코칭 핵심역량을 다시 확인해야 할 순간이다. 이 핵심역량은 코치가 고객과 함께 진정한 변화를 만들어 가는 데 필요한 나침반과 같다.

ICF가 제시한 ACC, PCC, MCC라는 3가지 코칭 자격 등급은 단순한 인증 단계를 넘어 코치로서의 성장 과정을 보여준다. ACC는 기본적인 코칭 기술을 요구하며, PCC는 고객의 삶에 실질적인 변화를 이끌어내는 능력을, MCC는 최고 수준의 전문성으로 복잡한 문제를 해결하는 역량을 요구한다. 같은 역량이라도 각 단계에서 활용하는 깊이와 수준이 다르다.

ICF가 정의한 "자신의 잠재력을 극대화하도록 고객과 협력하는 창조적인 과정"이라는 문구는 코칭의 본질을 명확히 보여준다. 코치는 고객이 장애물과 자원을 탐구하고 실행 가능한 목표를 세울 수 있도록 돕는 역할을 한다. 필자가 코칭을 하며 자주 놓쳤던 부분은 고객의 감정을 더 깊이 이해하고, 그들의 가능성을 탐구하며, 실질적인 목표를 설정하도록 돕는 일이었다. 이러한 역량을 제대로 활용하는 것이 코칭 세션을 더욱 의미 있게 만드는 핵심이다.

ICF 코칭 핵심역량은 서로 긴밀하게 연결되어 있으며, 각각의 역량은 특정 상황에서 효과적으로 사용되어 코치와 고객의 대화 속에 자연스럽게 스며들어야 한다. 예를 들어, 고객이 자신의 감정과 가능성에 대해 이야기할 때, 코치는 이를 경청하고 깊이 탐구하며 대화를 이끌어야 한다. 이러한 접근은 고객과의 신뢰를 쌓고 대화를 더욱 풍성하게 만든다.

코칭은 질문을 던지고 답을 듣는 것만이 아니다. 코칭은 고객과 함께 그들의 삶에 진정한 변화를 만들어 가는 여정이다. 이 핵심역량을 이해하고 실천에 옮긴다면, 코치로서의 성장은 물론 고객과의 대화의 깊이와 효과도 눈에 띄게 달라질 것이다. ICF 코칭 핵심역량은 훌륭한 코치로 성장하는 든든한 기반이 되어 줄 것이다.

어떤 학문이나 프로그램이라도 구조와 형식이 갖춰져야 효과적으로 기능할 수 있다. 코칭 역시 본질과 가치를 실천하기 위해 체계적인 구성과 방향성을 필요로 한다. ICF는 코칭 역량을 4개의 역량군, 8개의 세부 역량, 63개의 세부 지침으로 체계화했다. 각각의 항목은 단순한 기술적 요소를 넘어 코칭의 근본적인 가치를 담고 있다.

4개의 역량군은 다음과 같다.

1. **기초 세우기**: 코칭 윤리와 마인드셋을 다루며, 코칭 관계에서 신뢰와 정직성을 유지하고 코치로서의 자세를 형성하는 데 초점을 맞춘다.

2. **관계의 공동 구축**: 고객과 협력적인 관계를 형성하고 유지하는 방법을 포함하며, 신뢰와 안전감을 조성하고 코칭 합의를 명확히 하는 과정을 다룬다.

3. **효과적 의사소통**: 적극적인 경청과 의식 확장을 통해 고객이 내면의 통찰과 학습을 경험하도록 돕는다.

4. **학습과 성장 촉진**: 고객의 목표를 구체화하고 행동으로 전환하도록 지원하며, 그들의 성취를 축하하는 과정을 포함한다.

이처럼 ICF 코칭 핵심역량은 코칭의 각 단계를 구체적으로 안내하며, 코치가 고객과 함께 성장과 변화를 만들어 가는 여정을 돕는 든든한 틀이 된다.

* 여덟 가지 구체적인 역량 항목은 부록 참고

2장

ICF 시험,
이렇게 준비하면 합격!

1

시험은 어떻게
출제될까?

1) ICF의 의도를 읽어라

ICF는 1986년 설립 이후, 코칭의 기준을 정립하고 업계를 선도해 온 글로벌 기관이다. 전 세계 코칭의 질적 향상을 이끄는 핵심 기관으로서, 시대적 요구에 맞춰 코칭 역량을 지속적으로 발전시켜 왔다.

시간이 지나면서 코칭이 개인과 조직에 미치는 긍정적 영향이 과학적으로 입증되었고, 이에 따라 ICF는 코칭 핵심역량을 몇 차례 개정해 왔다. 특히, 고객 중심의 코칭 접근법, 문화적 다양성의 이해, 기술 활용 능력 등이 현대 코칭에서 필수적인 요소로 자리 잡으며, 이에 맞춰 ICF의 평가 기준도 변화해 왔다. ICF가 역량 기준을 지속적으로 개정하는 이유는 단순히 시험을 어렵게 만들려는 것이 아니다. 실제 코칭 현장에서 코치들이 고객에게 더 깊은 변화를 이끌어낼 수 있도록 하기 위해서다.

ICF 필기시험 역시 이러한 의도를 반영하여 출제된다. 시험은 코치가 실제 현장에서 핵심역량을 어떻게 적용할 수 있는지를 평가하는 것이다. 문제를 통해 코칭 대화에서 적절한 선택을 하고 있는지, 코칭 윤리를 준수하고 있는지, 고객의 성장을 효과적으로 촉진할 수 있는지를 검증한다. 이 시험을 통해 ICF가 궁극적으로 원하는 것은 시험을 준비하는 과정에서 코칭의 본질을 깊이 이해하고, 코칭 역량을 실질적으로 강화하는 것이다. 따라서 시험에 합격하는 것이 최종 목표가 아니라, 시험을 준비하며 코치로서 성장하고 고객에게 더 나은 가치를 제공하는 것이 진정한 목적이 되어야 한다.

시험을 치를 때 ICF가 왜 이런 시험을 설계했는지, 코치로서 어떤 역량을 기대하는지를 읽어야 한다. ICF의 의도를 이해할 때, 단순한 시험 대비를 넘어 실제 코칭 현장에서 더욱 탁월한 코치가 될 것이다.

2) ICF 코칭 핵심역량 필기시험의 목적과 방향

ICF 필기시험은 코치의 전문성을 평가하는 데 초점이 맞춰져 있다. ICF는 코칭의 글로벌 표준을 설정하며, 코치로 하여금 8가지 코칭 핵심역량을 명확히 이해하고 체화하도록 요구한다. 이 핵심역량들은 코칭 현장에서 고객과의 상호작용 속에서 발휘되어야 할 코칭의 본질적인 요소들이다. 핵심역량은 윤리적 의사결정, 신뢰 구축, 효과적인 질문 기술, 경청 및 피드백 제공 등과 같은 중요한 코칭 활동의 기반이 된다.

시험 문제는 가상의 코칭 시나리오에서 코치가 역량을 어떻게 발휘할 수 있는지를 평가하는 방식으로 설계되었다. 예를 들어, 코치가 고객의 감정을 경청하고 직면한 문제의 본질을 탐구하며 적절한 질문을 통해 통찰을 이끌어내는 과정이 시험 문제에 반영된다. 이러한 시나리오 기반 문제는 코치가 실전에서 직면할 수 있는 다양한 상황에 대한 대응 능력을 강화하도록 돕는다.

ICF 필기시험은 다음 세 가지 주요 영역을 평가한다.

1. **지식**: 여덟 가지 핵심역량을 얼마나 깊이 이해하고 있는가?

2. **적용**: 코칭 현장에서 역량을 얼마나 효과적으로 사용할 수 있는가?

3. **윤리 준수**: 코칭 활동에서 ICF 윤리 규정을 얼마나 잘 준수하는가?

이러한 평가 과정을 통해 ICF는 코치가 고객의 성장과 변화를 돕는 데 필요한 역량을 충분히 갖추었는지를 검증한다. 특히, 윤리적 기준을 준수하는 것은 필수적인 요소로, 전문가로서 명확한 행동 지침을 준수하며 신뢰를 유지하는 것을 강조하고 있다. ICF 필기시험은 단순히 지식을 확인하는 것을 넘어, 실제 상황에서의 활용 능력을 강조한다. 시험 준비 과정에서 코치는 자신의 코칭 스타일과 접근 방식을 점검하며 핵심역량을 체화할 기회를 얻는다. 이를 통해 코치들은 코칭의 본질과 기술을 더 깊이 이해하고 실천할 수 있다.

2

질문과
답의 방향

ICF 필기시험 문제는 실제 코칭 현장에서 발생할 수 있는 상황을 가상의 시나리오로 제시한다. 코치는 시나리오 속에서 발휘될 수 있는 핵심역량을 파악하고, 이 역량을 토대로 바람직한 결과를 이끌어낼 수 있는 최선의 답을 선택해야 한다.

· **시나리오 기반 질문:** 질문은 우리가 흔히 접할 수 있는 일과 생활의 상황을 시나리오로 제시하고, 그 상황에서 코치가 어떻게 대응하는 것이 바람직한지를 선택하도록 요구한다. 이때, ICF 핵심역량 중 하나 이상이 적용된다.

· **복합적인 역량 사용:** 시험 문제는 단일 역량이 아닌 여러 역량이 복합적으로 작용하는 상황을 다룬다. 예를 들어, 시나리오에서 고객의 의식을 확장하는 과정(역량 6)과 코치의 프레즌스 유지(역량 4)가 동시에 요구될 수 있다.

· **최선의 답과 최악의 답:** 답안에는 여러 선택지가 있지만, 가장 최선의 답을 선택해야 하며, 무엇보다 ICF 핵심역량을 가장 효과적으로 보여주는 답을 찾아야 한다. 때로는 코치 자신의 코칭 사고방식을 돌아보게 하고, 그것이

코칭 역량과 어떻게 연결되는지 성찰하도록 요구된다.

시험 준비를 위한 효과적인 전략은 다음과 같다.

① 8가지 코칭 핵심역량 심층적으로 이해하기

각 역량의 의미와 사용 방법을 필히 숙지하고, 실제 코칭에서 각 역량을 어떻게 적용했는지 성찰한다.

② 시나리오 기반으로 연습하기

시험은 실제 코칭 상황을 반영한 가상의 시나리오로 출제된다. 주어진 시나리오 안에서 상황을 분석하고 최선의 행동 방향을 파악하는 연습이 필요하다. 시나리오를 읽으며 다음과 같은 질문이 문제를 푸는 데 큰 도움이 될 수 있다.

✓ 이 상황에서는 어떤 역량이 사용되고 있는가?

✓ 고객의 성장을 지원하기 위한 최적의 대응책은 무엇인가?

✓ 여러 역량이 어떻게 통합적으로 나타나고 있는가?

③ 자신의 코칭 경험 돌아보기

시험 문제를 분석하면서 자신의 실제 코칭 경험을 떠올리고 당시 상황에서 ICF 코칭 역량을 어떻게 구현했는지를 점검한다. 어디에서 어려움을 겪었고, 극복하기 위해 어떤 노력을 했는지 돌아본다.

④ 최선의 답과 최악의 답 비교

여러 개의 비슷한 선택지 중 ICF 역량과 가장 부합하는 최선의 답을 하나만 선택해야 한다. 단순히 코치의 입장에서 좋아 보이는 답을 선택하는 것이 아니라 핵심역량 측면에서 볼 때 가장 좋은 답을 선택해야 한다. 최악의 답은 최선의 답과 반대되는 개념으로 접근하면 된다. 다음 사항에 유념하여 문제풀이에 적용해 본다.

✓ 코치 중심이 아니라 고객 중심, 역량 측면에서 생각하기

✓ 단기 솔루션보다는 장기적인 고객 성장에 집중하기

✓ 통합적으로 사용된 여러 가지 역량을 파악하되 어느 역량이 좀 더 우선하는지 생각하기

⑤ 시간 관리

ICF 필기시험은 시간 관리가 무엇보다 중요하다. 각 문제의 요지를 빠른 시간 내에 명확히 이해하면서도 한 문제에 지나치게 시간을 할애하지 않도록 주의해야 한다. 만점이 목표가 아닌 만큼 문제당 적정 시간 배분은 아무리 강조해도 지나치지 않다. 선택에 확신이 서지 않을 경우, 답이라고 생각되는 부분을 우선 체크하되 표시를 하고 다음 문제로 넘어가는 것이 좋다. 문제를 다 푼 다음 풀지 못한 것만 다시 돌아가서 풀어보는 것이 시간 관리에 효과적이다. 최선의 답과 최악의 답 중 확신이 드는 답안을 먼저 표기하는 것도 방법이다.

ICF 필기시험은 ICF 인증코치가 되기 위한 중요한 단계다. 이 시험의 목적은 전문 코치로서 역량을 유지하는 데 필요한 지식, 사고방식, 응용기술을 충분히 갖추는 데 있다. ICF 코칭 핵심역량을 깊이 이해하고 자신의 코칭 경험을 적용해 보는 연습을 하되, 무엇보다 자신감을 가지고 시험에 임

하는 것이 중요하다. ICF 필기시험은 단순히 합격을 목표로 하는 시험이 아니라, 전문 코치로서의 역량을 검증하는 중요한 과정이다. 코치들은 이 시험을 통해 일상적인 코칭 활동에서 ICF 핵심역량과 코칭 원칙을 더욱 효과적으로 구현할 수 있을 것이다.

3

ICF 시험
해석 방법

코칭 현장에서 고객과 대화를 나누다 보면, 예상치 못한 상황에 자주 부딪히게 된다. 한 코치는 세션 중 고객이 목표를 수정하려는 의사를 내비쳤을 때, 표면적으로 맞장구를 치며 따라갔다. 그러나 이후 고객의 진짜 의도를 파악하게 되었고, 그 의도를 반영하며 새로운 방향을 향해 나아가면서 대화의 깊이가 훨씬 깊어지는 경험을 하게 되었다. 고객이 말하고 있지 많지만 해결해야 할 숨겨진 이슈와 의도 등을 파악할 수 있어야 비로소 진짜 변화의 트리거를 찾을 수 있다.

ICF 필기시험의 문제도 이와 비슷한 맥락을 갖는다. 단순히 정답을 찾는 데 그치는 것이 아니라, 각 문제를 실제 코칭 현장에서 발생할 수 있는 상황으로 이해하고 대응 방법을 찾는 과정으로 접근하면 더 효과적이다. 시험 문제를 분석하며 실패와 성공 사례를 반추해 보면, 문제는 더 이상 문제로 보이지 않고 실전 코칭 준비 과정처럼 느껴질 것이다.

이제부터 ICF 필기시험 예제를 통해 각 문제에 포함된 핵심역량을 식별하고 최상의 답변에 도달하는 과정을 이해해 보자. 다음과 같은 순서로 문제를 생각하고 분석하며 답을 선택하면, 최선의 답과 최악의 답을 구별하는 데 매우 효과적이다.

1) 시험 예제를 통한 최선/최악의 답 해석

지문

코칭 고객은 자신의 가족이 자신을 존중하지 않는다고 반복해서 불평하며 더 이상 가족에 대한 관심이 없다고 말합니다. 이 세션에서 고객은 좌절감을 나타내며 가정에서 불편했던 상황을 자세히 이야기합니다. 코치는 이를 어떻게 해결하고 싶은지 물었지만, 고객은 계속해서 같은 불평을 반복하고 있습니다. 코치는 어떻게 해야 할까요?

답문

1. 고객의 좌절감을 인정하고 앞으로 어떻게 하고 싶은지 물어봅니다.
2. 고객에게 과거 이야기는 그만하고 이제부터는 긍정적으로 해결책에 집중하라고 요청합니다.
3. 관찰된 감정을 공감하고 반영하면서 이 상황에 대해 더 깊이 통찰할 것이 무엇인지 물어봅니다.
4. 가족과 관계를 회복할 수 있는 좋은 방법에 대해 조언을 제공합니다.

(1) 문제 분석

키포인트: 먼저, 문제의 구조 및 내용의 핵심을 분석하고, 이어서 지문에서 요구되는 코칭 역량이 무엇인지 식별하여 답을 예측하는 것이 효과적이다.

이 시나리오 구조는 고객이 팀에 대해 불평하는 패턴에 갇힌 상황(불평이라는 감정 문제와 패턴이라는 '의식 확장(알아차림)'에 관련된 내용)을 나타낸다. 여기서 코치의 역할은 단순히 경청하는 것을 넘어 고객이 불평하는 것에 대해 스스로 인식하고 해결책을 향해 나아가도록 (여기서 '의식 확장(알아차림)'의 역량임을 알아챌 수 있다.) 돕는 것이다. 이 경우에 코치는 반복적인 패턴에 갇혀 있는 고객에게 사려 깊게 개입해야 한다.

(2) 답문 분석

이제 시나리오에서 유추되는 핵심역량을 생각하면서 네 가지 답문 중 어느 답이 가장 적합한지 찾아보아야 한다. 비슷한 답이 여러 개 보이겠지만 각 답문의 앞문장과 뒷문장을 구분해서 다른 답문들의 문장과 어떤 차이가 있는지를 비교해보면 최선의 답과 최악의 답을 빠르게 식별할 수 있다. 그리고 최선의 답이 무엇인지를 알게 되었을 때 시나리오에서 시사하는 역량이 무엇인지, 그리고 어떤 식으로 코칭하는 것이 바람직한 지를 이해하게 된다.

1번. 고객의 좌절을 인정하고 미래에 팀을 어떻게 운영할지 물어보는데, 이것은 6번 역량인 '의식 확장(알아차림)'과 5번 역량인 '적극적 경청'에 해당한다. 그러나 이 대화에서 코치는 고객이 내면의 성찰보다는 외부 문제 해결에 주의를 집중하게 하고 있다. 그러나 지금 상황은 외부 솔루션으로 급히 가기보다는 더 깊은 통찰의 기회를 갖는 것이 중요하다.

2번. 코치가 고객의 말을 막고 과거에 대해 불평하지 말고 해결책에 집중하라고 요청한다. 이것은 2번 역량인 '목표 합의'를 수립하는 것처럼 보이지만, 실제로는 닫힌 질문을 하고 있으며 신뢰와 안전감을 조성하지 않고 있다. 코치가 말을 막으면 고객은 깊은 탐색을 하지 못하게 되고, 신뢰와 안전감을 저해하므로 이 방법은 적절하지 않다.

3번. 관찰된 감정을 공감하며 반영하고 고객에게 더 깊은 통찰을 하도록 질문하고 있다. 이 상황에서는 고객이 부정적인 감정에 빠져 있기 때문에 이 감정을 먼저 공감하는 것이 우선이다. 그리고 나서 내면의 자기 발견을 통해 불평과 좌절의 순환을 끊는 것이 필요하다. 그래서 코치는 고객이 불평을 반복하는 패턴에서 벗어날 수 있도록 자기인식을 돕고, 의식을 확장해야 한다. 이 답은 이렇게 의식 확장 역량을 사용하고 있으므로 최선의 답변이다.

4번. 코치가 가족과의 관계를 회복할 수 있도록 조언을 제공하고 있다. 조언 제공은 코칭 원칙을 정면으로 위배한다. 코치는 조언이나 솔루션을 직접 제공하는 대신, 고객이 스스로 솔루션을 찾아내도록 강력한 질문을 해야 한다. 따라서 이 답변은 최악의 답변이다.

(3) 최선의 답과 최악의 답변

최선의 답변: 3번

지문과 답문을 통해서 코치는 의식 확장을 통해 자기인식을 하는 것이 가장 필요하다는 것을 알아내야 하고, 그래서 최선의 답이 3번임을 알 수 있다.

최악의 답변: 4번

코치가 고객에게 조언을 제공하는 것은 코칭 원칙에 정면으로 위배되기 때문에 이것이 최악의 답이란 것을 알 수 있다.

이 시나리오의 핵심 내용은, 고객이 좌절감을 느낀다는 것뿐만 아니라 반복적인 패턴에 갇혀 있다는 점이다. 코치는 고객의 기본 감정(좌절과 팀에 대한 불평)과 패턴(팀이 자신을 존중하지 않는다는 이야기를 반복)을 경청한다(역량 5. 적극적 경청). 이런 상황에서는 코치는 고객이 자신의 감정과 생각을 스스로 자각하도록 도와야 한다(역량 6. 의식 확장(알아차림)). 또한 편견 없는 개방적인 코칭 공간을 유지(역량 4. 프레즌스)할 필요가 있다. 이 경우 코치는 고객이 외부 해결책이나 코치의 조언에 집중하는 대신, 고객 자신의 내면과 행동을 돌아보고 성찰하여 의식을 확장하도록 돕는 것이 중요하다.

이상으로 필기시험 문제의 시나리오 진행 형식과 답을 찾는 요령에 대한 핵심 방향을 이해했다면, 다음으로는 역량별 핵심 내용을 이해하고 해당 역량에서 출제되는 문제를 살펴본다. 문제를 분석한 후 이어지는 네 가지 답문의 역량을 토대로한 해석을 살펴보며 최선의 답변과 최악의 답변을 구별하는 패턴과 요령을 습득하도록 한다.

3장

실전 클리닉,
이 산만 넘으면 나도 전문가!

1

세계적인 코치
배출 현황

ICF(International Coaching Federation) 자격증 시험은 전 세계적으로 인정받는 코칭 전문성 검증 시험으로, 코칭 역량을 체계적으로 평가하는 과정이다. ICF는 140개국 이상에서 50,000명 이상의 공인 코치를 배출하였으며, 매년 수천 명의 응시자가 이 시험을 통해 전문성을 인증받고 있다.

이 시험은 단순한 지식 평가를 넘어, 코치로서 실질적인 역량을 측정하는 데 초점을 둔다. 시험은 현실적인 코칭 시나리오를 기반으로 구성되며, 응시자의 문제 해결 능력, 윤리적 판단, 코칭 대화의 질을 평가한다. 이를 통해 코칭 실무에서 필수적인 의사결정 능력과 코칭 기술을 점검할 수 있다.

또한, ICF 자격증을 취득한 코치들은 글로벌 코칭 시장에서 경쟁력을 갖추게 된다. 기업과 조직에서는 ICF 인증을 받은 코치를 신뢰하며, 전문성을 갖춘 코치들은 리더십 개발, 조직 변화, 개인 성장 등의 다양한 분야에서 활약할 수 있다. 실제로, 많은 기업들이 ICF 공인 코치를 내부 리더십 코칭 프로그램에 활용하고 있으며, 이러한 흐름은 글로벌 비즈니스 환경에서도 강화되고 있다.

　시험을 준비하는 과정에서도 응시자들은 코칭 핵심역량을 심층적으로 학습하게 된다. 코칭의 윤리적 기준과 효과적인 질문 기술을 익히고, 실전에서 적용할 수 있는 코칭 방식을 체득하게 된다. 이 시험은 단순한 자격 취득을 넘어, 코치로서의 성장과 전문성 강화를 위한 중요한 과정이라 할 수 있다.

2

ICF 자격증 시험
프로세스

ICF 자격증 시험은 코치의 전문성을 검증하는 중요한 과정이다. 시험을 준비하고 응시하기 위해서는 절차를 명확히 이해해야 한다.

1) 시험 신청 및 초대 이메일 받기

ICF 자격증 시험에 응시하려면 먼저 자격 증명 신청서를 제출해야 한다. 신청서는 ICF 공식 웹사이트에서 작성할 수 있으며, 응시자는 목표로 하는 자격증 레벨(ACC, PCC, MCC)을 선택해야 한다.

신청서가 검토되고 승인되면 ICF에서 시험 응시 초대 이메일을 발송한다. 이메일에는 시험 예약 방법과 필요한 정보가 포함되어 있다. 초대 이메일을 받은 후 60일 이내에 시험을 예약하고 완료해야 하며, 기한을 넘기면 신청이 만료되어 다시 신청서를 제출해야 한다.

2) 시험 예약하기

초대 이메일을 받은 후, 응시자는 Pearson VUE 플랫폼을 통해 시험을 예약할 수 있다. 시험은 두 가지 방식으로 진행된다.

1. **대면 시험**: Pearson VUE의 글로벌 시험 센터에서 직접 응시하는 방식이다.

2. **원격 시험**: Pearson OnVUE를 통해 집이나 사무실에서 온라인으로 응시하는 방식이다.

시험 예약이 완료되면 Pearson VUE에서 확인 이메일이 발송되며, 다음 정보가 포함된다.

· 시험 날짜 및 시간, 확인 번호 및 등록 ID, 허용되는 신분증 유형(여권, 운전 면허증 등), 시험 도착 또는 로그인 시간, 시험 규칙(금지 물품, 행동 지침 등)

시험 예약을 변경하거나 취소하려면 시험 시작 48시간 전까지 Pearson VUE에 연락해야 한다. 그렇지 않으면 응시료를 되돌려받지 못한다. 원격 시험의 경우, 안정적인 인터넷 연결과 조용한 환경을 확보해야 한다.

3) 시험 형식과 내용

ICF 자격증 시험은 총 3시간(180분) 동안 진행되며, 현실적인 코칭 상황을 평가하는 78개 문항으로 구성된다.

시험 문제는 다음과 같은 형식으로 구성된다.

· **코칭 시나리오**: 실제 코칭 상황을 설명하는 짧은 시나리오 제공

· **네 가지 대응 옵션**: 주어진 옵션 중 최선의 행동과 최악의 행동을 선택

· 평가 기준: ICF 핵심역량, 윤리 강령, 코칭 정의를 기반으로 설계

시험 시간은 다음과 같이 나뉜다.

· 시험 지침: 4분

· 섹션 1 (39개 문항): 83분

· 선택적 휴식 시간: 10분

· 섹션 2 (39개 문항): 83분

시험은 기본적으로 영어로 제공되며, 문제마다 번역키를 눌러서 한글 번역본을 볼 수 있다.

4) 시험 당일 준비 및 시간 관리

시험 당일에는 철저한 준비가 필요하다.

· 대면 시험: 시험장에 30분 일찍 도착

· 원격 시험: 지정된 시간에 Pearson OnVUE 시스템 로그인

· 유효한 신분증(여권, 운전면허증 등)

· 예약 확인 이메일 출력본 또는 디지털 사본

· 필요한 경우 물과 간단한 간식(시험장 규정에 따라 허용 가능)

· 문제당 평균 2.2분을 목표로 한다.

· 쉬운 문제는 1분 이내, 어려운 문제는 3분 이내 해결을 목표로 한다.

· 중간에 10분 휴식 시간을 활용하여 집중력을 유지할 수 있다.

· 모르는 문제를 남겨두었다가 모든 문제를 다 푼 다음 다시 돌아가서 풀지 못한 문제만 다시 푼다. 섹션 1이 종료되면 해당 섹션으로 돌아갈 수 없으므

로 다음 섹션으로 진행하기 전에 반드시 섹션 1의 문제를 모두 푼다.

5) 시험 결과 및 재응시 규정

· 시험 종료 후 즉시 점수를 확인할 수 있으며, 일주일 내에 공식 합격 여부가 이메일로 통보된다.

· 합격 점수: 200~600점 범위에서 460점 이상

· 재응시 규정:

  ○ 첫 번째 재응시는 시험 후 14일 이후 가능

  ○ 이후 응시는 30일 간격으로 최대 6회(12개월 내)까지 가능

  ○ 1년이 지난후에는 재응시 수수료 105달러 추가 지불하고 다시 신청

6) 추가 지원 및 편의 제공

ICF는 응시자의 편의를 위해 다양한 지원을 제공한다.

· 비영어권 응시자: 번역된 시험 및 추가 시간 제공 가능

· 장애 또는 의료 상태가 있는 응시자: 추가 시간, 보조 기기 지원 가능(시험 예약 전 최소 6주 전에 신청 필요)

· 시험 중 기술적 문제 발생 시: Pearson VUE 지원팀에 즉시 연락 가능

ICF 자격증 시험은 단순한 평가가 아니라, 지금까지 학습하고 실습해 온 내용을 점검하고 자신의 코칭 역량을 체화하는 과정이다. 시험이 까다롭고 신중한 판단이 요구되지만, 이는 코치로서의 전문성을 한 단계 끌어올리는

기회이기도 하다.

시험을 준비하는 과정에서 코칭의 본질을 더욱 깊이 이해하게 되고, 문제를 해결하는 사고력과 윤리적 판단력을 다듬을 수 있다. 이는 단순한 자격 취득을 넘어, 실제 코칭 현장에서 신뢰받는 전문가로 성장하는 중요한 과정이다.

ICF 자격증을 취득한 코치는 글로벌 코칭 시장에서 공인된 전문가로 인정받는다. 이는 단순한 자격 이상의 의미를 가지며, 코칭을 통해 사람들에게 긍정적인 변화를 만들어갈 수 있는 역량을 갖추었음을 의미한다. 시험에 합격하고 나면 자신이 성장하고 자신감이 한층 강화된 것을 느낄 것이다.

3부

실전 코칭 노하우와
마스터 코치의 길

1장

초보 코치들이 흔히 겪는
난관 & 해결법

1

코칭이 올바른 방향으로 가고 있나요

① 윤리 실천

1) 윤리 실천의 의미

'윤리 실천(Demonstrates Ethical Practice)' 역량은 전문 코칭의 기본이며 모든 코칭 상호작용의 핵심이다. 이 기술은 고객이 안전하고 존중받으며 신뢰할 수 있는 환경에서 코칭을 받을 수 있도록 전문적 표준을 따르고 윤리 규정을 준수하는 것을 포함한다. 코치는 정직하게 행동하고, 고객 비밀을 보호하고, 이해 상충에 유의하고, 코칭 관계의 경계를 명확히 구분하며 지침에 따라야 한다. 윤리적 실천을 통해 코치는 신뢰할 수 있는 안전한 환경을 조성하여 고객이 개인적·전문적인 도전을 탐색할 때 안전감을 느낄 수 있도록 한다.

윤리적 행동은 고객의 권리를 보호하고, 코칭 과정에서의 투명성과 정직성을 유지하며, 전문 코치로서의 책임을 강화한다.

2) 윤리 실천의 구성 요소

(1) 진실성과 정직성 보여주기

코치는 고객, 스폰서, 이해 관계자와의 모든 상호작용에서 진실성과 정직성을 보여야 한다. 이는 신뢰의 기본을 형성하며, 고객이 코치를 신뢰하고 자신의 목표를 달성하기 위해 적극적으로 참여할 수 있도록 돕는다. 예를 들어, 코치는 고객과의 약속을 철저히 지키고, 자신의 한계를 솔직히 인정하며 투명한 태도를 보여야 한다.

시험 적용 포인트

시험에서는 코치가 고객과의 상호작용에서 진실성과 정직성을 어떻게 표현하는지 평가한다. 예를 들어, 고객에게 실현 불가능한 약속을 하지 않고, 솔직하게 코칭 과정을 설명하는 능력이 중요한 평가 요소다.

(2) 민감성과 존중 유지하기

코치는 고객의 정체성, 환경, 경험, 가치, 신념에 민감성을 가지고 접근해야 한다. 이는 코칭 대화에서 고객의 다양성을 존중하고, 그들의 배경과 신념을 이해하며 대화에 반영하는 것을 포함한다. 예를 들어, 문화적 차이와 개인적 가치관 등을 인정하고 이에 맞게 대화를 조율하는 것이 중요하다.

시험 적용 포인트

시험에서는 코치가 고객의 정체성과 신념을 존중하며, 이를 대화에 적절히 반영하는 능력을 평가한다. 고객의 배경에 민감하게 대응하는 시나리오가 출제될 수 있다.

(3) 존중하는 언어 사용하기

코치는 고객, 스폰서, 이해 관계자와의 대화에서 적절하고 존중하는 언어를 사용해야 한다. 이는 고객이 자신을 존중받는다고 느끼며, 대화에 적극적으로 참여할 수 있는 환경을 조성한다. 예를 들어, 고객의 이름을 올바르게 부르고, 그들의 관점을 경청하며 비판적이거나 판단적인 언어를 피하는 것이 포함된다.

시험 적용 포인트

시험에서는 코치가 존중하는 언어를 사용하여 고객과 효과적으로 소통하는 능력을 평가한다. 고객의 감정과 경험을 반영하며 존중하는 태도를 유지하는 상황이 출제될 수 있다.

(4) ICF 윤리 강령 준수하기

코치는 ICF 윤리 강령을 철저히 준수하고 핵심 가치를 지지해야 한다. 이는 고객과의 코칭 과정에서 발생할 수 있는 윤리적 문제를 예방하고 전문성을 유지하는 데 기여한다. 예를 들어, 고객의 권리를 보호하며 윤리적 기준에 따라 행동하는 것이 포함된다.

시험 적용 포인트

시험에서는 코치가 윤리 강령을 기반으로 윤리적 의사결정을 내리는 능력을 평가한다. 고객과의 관계에서 윤리적 문제를 처리하는 시나리오가 출제될 수 있다.

(5) 고객 정보 비밀 유지하기

코치는 고객의 개인 정보를 비밀로 유지해야 하며 이를 고객 및 관련 법률에 따라 처리해야 한다. 이는 고객의 신뢰를 얻고, 코칭 과정의 윤리적 표준을 준수하는 데 필수적이다. 예를 들어, 고객의 동의 없이 정보를 제3자와 공유하지 않는 것이 포함된다. 코치는 제3자로부터 고객에 대한 정보 및 부정적인 평가에 대한 내용을 입수했을 경우에도 고객과의 관계에 영향을 미치지 않도록 객관적이고 중립적인 태도를 유지해야 한다.

시험 적용 포인트

시험에서는 코치가 고객의 정보 보호를 위해 적절한 조치를 취하는 능력을 평가한다. 또한 다른 사람에게 들은 고객에 관한 부정적인 정보를 코칭에 반영하지 않고 중립을 유지하면서 고객에게 집중하는 능력을 평가하는 문제가 출제될 수 있다.

(6) 전문직 간 차별성 유지하기

코치는 코칭, 컨설팅, 심리치료 등 다른 지원 전문직과의 차별성을 명확히 유지해야 한다. 이는 고객이 코칭 과정에서 무엇을 기대할 수 있는지 명확히 이해하도록 돕는다. 예를 들어, 코치는 코칭과 상담의 차이를 설명하며 자신의 역할과 한계를 명확히 해야 한다. 고객이 코칭의 범위를 벗어난 서비스를 요청할 경우, 코칭의 기본을 설명하고 다른 전문가를 찾도록 권유해야 한다.

시험에서는 코치가 코칭과 다른 전문 서비스의 차이를 명확히 설명하고, 이를 기반으로 고객의 기대를 조율하는 능력을 평가한다.

(7) 다른 전문가에게 추천하기

필요한 경우, 코치는 고객을 적절한 다른 전문가에게 추천해야 한다. 이는 코치가 자신의 한계를 인정하고 고객에게 최선의 지원을 제공하기 위한 조치다. 예를 들어, 고객의 문제가 심리치료나 법률 자문, 컨설팅을 필요로 할 경우 관련 전문가를 소개하는 것이 ICF 윤리가 요구하는 것이다.

시험 적용 포인트

시험에서는 코치가 고객의 필요에 따라 적절한 전문가에게 추천하는 능력을 평가한다. 고객의 요구에 맞는 전문적 지원을 제공하는 방법이 중요한 평가 항목이다.

핵심 키워드

윤리 기준 이해 | 비밀 유지 | 정직성 | 충돌 방지 | 윤리적 딜레마

전문성 | 책임감 | 경계 설정 | ICF 윤리 강령 | 이해 상충

3) 윤리 실천 모의 문제풀이

모의문제 1

코치는 기업의 리더를 코칭하고 있습니다. 그런데 이 리더의 친구가 코치와 아는 사람이란 것을 알게 되었습니다. 코치는 이 점에 대해서 고객에게 알렸지만 고객은 별로 신경 쓰지 않았습니다. 어느 날 그 아는 사람으로부터 코치의 고객에 대한 부정적인 이야기를 들었습니다. 그 후 코치는 그 고객에 대해 부정적인 편견이 생긴 것을 자각했습니다. 코치는 어떻게 해야 할까요?

1. 고객에게 코칭 계약을 잠시 중단하고 싶다고 말하고, 그러한 것을 극복하는 데 도움이 될 만한 세미나에 참석합니다.
2. 지인에게서 고객에 대한 좋지 않은 이야기를 들었다고 말하고 그 상황에 대해서 해명해 달라고 합니다.
3. 부정적인 생각이 일어났지만 사라질 것이라고 생각하고 그냥 코칭을 지속합니다.
4. 지인의 의견이 생각과 감정에 미치는 영향을 인정하고, 고객과는 그것과 상관없이 열린 관계를 유지하도록 노력합니다.

(1) 문제 분석

이 문제는 코치가 직면할 수 있는 복잡한 윤리적 딜레마를 제시하고 있다. 코치는 개인적인 관계와 전문적인 관계 사이에서 균형을 유지해야 한다. 동시에 고객에 대한 편견 없이 자신의 개인적인 생각과 감정을 배제하고, 자신의 생각이 고객에게 부정적인 영향을 미치지 않도록 전문가로서의 책임을 져야 한다.

(2) 답문 분석

1번. 문제 상황을 인지하고 해결하려는 의지가 보이지만 이것이 문제의 근본적인 해결은 아니며, 코치가 불편한 감정을 관리하지 못하고 있다는 것을 고객에게 알리는 결과가 될 수 있다.

2번. 투명성을 확보하고, 고객과의 신뢰를 유지하려는 노력이 보인다. 그러나 지인으로부터 들은 부정적인 정보를 전달하는 것은 고객에게 불필요한 불안감과 불편함을 줄 수 있다. 그리고 코치는 객관적인 입장에서 고객을 지지해야 하는데, 부정적인 정보를 전달함으로써 고객의 신뢰를 잃을 수 있다. 코치의 주관적인 판단을 고객에게 전달하는 행위는 코칭을 객관적으로 진행하는 능력이 떨어진다는 것을 나타내는 것이어서 바람직하지 않다.

3번. 자기 인식과 자기 조절 능력을 강조하며, 객관적인 태도를 유지하려는 노력이 보인다. 그러나 부정적인 생각이 일어나도록 하고 방치하면 고객과의 관계에 악영향을 미칠 수 있다. 또한, 문제 해결보다는 감정 관리에 초점을 맞추고 있어 문제 해결에 대한 구체적인 방안이 부족하다.

4번. 문제 상황을 잘 인지하면서 고객에게는 그 영향을 미치지 않도록 하며, 고객에게는 그와 상관없이 객관적인 태도를 유지하는 노력은 바람직한 것으로 최선의 답이다.

(3) 최선의 답과 최악의 답변

최선의 답변: 4번

고객에 대한 다른 정보를 들었을 때에 그것이 고객에게 영향을 미치지 않게 하고 열린 관계를 유지해야 한다. 또한 코치는 항상 객관적이고 중립적인 태도를 유지해야 한다.

최악의 답변: 2번

지인으로부터 들은 부정적인 정보를 전달하는 것은 고객에게 불필요한 불안감과 불편함을 줄 수 있다. 이는 고객의 신뢰를 잃게 할 수 있다. 코치의 주관적인 판단을 고객에게 전달하는 행위는 코칭을 객관적으로 진행하는 능력이 떨어진다는 것을 나타내는 것이어서 바람직하지 않다.

이 시나리오는 윤리 실천에 관한 것으로써, 고객의 친구가 코치와 아는 사람이란 것을 알게 된 후 이 상황이 코칭에 영향을 미치지 않도록 주의해야 함을 강조하고 있다. 코치는 전문가로서 다른 사람의 부정적인 의견으로 인해 고객에 대한 시각이 바뀌거나 편견을 가지지 않도록 주의해야 한다. 또한 코치가 자신의 감정을 고객에게 그대로 표현하는 것도 자제해야 한다. 어떠한 상황에서도 고객 앞에서는 감정을 조절하고 열린 마음과 중립적인 태도로 신뢰와 안전감을 유지해야 한다.

모의문제 2

고객은 한 회사의 중간 관리자입니다. 고객은 최근 직장에서 팀 관리를 잘 해왔습니다. 그러나 팀 내에 문제가 있어서 코칭을 받게 되었는데, 고객은 세션을 시작하면서 코치에게 문제를 해결할 수 있는 자신감을 가질 수 있도록 좋은 조언을 해달라고 합니다. 코칭 계약에는 코치, 고객 관계에 대한 컨설팅 조항이 포함되어 있지 않습니다. 코치는 어떻게 해야 할까요?

1. 고객에게 자신은 코치이고, 이러한 문제는 컨설팅 분야에 속하며 처음에 합의한 목표에 속하지 않으므로 다룰 수 없다고 말합니다.
2. 무슨 문제를 해결하고 싶은지 자세히 물어본 다음 그 문제에 대해서 아이디어를 제공합니다.
3. 고객에게 코칭과 컨설팅의 차이점을 설명하고, 코칭을 통해 해결하고 싶은 아이디어를 공유하도록 요청합니다.
4. 그동안 팀 문제를 해결하기 위해 노력해 온 과정들을 돌아보게 하고 그 장단점을 생각해 보라고 합니다.

(1) 문제 분석

이 문제는 윤리 실천과 관련된 상황을 다루고 있다. 코칭 계약에는 컨설팅 조항이 포함되어 있지 않음에도 불구하고 고객이 코치에게 컨설팅 서비스를 요청하고 있다. 이러한 상황에서 코치는 고객의 요청에 부응하면서도 코칭의 윤리적 기준을 유지하고, 고객이 스스로 해결책을 탐구하도록 도와야 한다.

(2) 답문 분석

1번. 고객에게 계약 범위를 상기시키고 논의를 차단하는데, 이렇게 고객의 요청을 거절하면 코칭 관계를 약화시키고, 고객의 필요를 무시하는 것으로 해석되므로 부적절하다.

2번. 고객의 문제를 자세히 이해하려는 노력과 함께 접근 방식을 제안한다. 코치의 아이디어를 제시하는 것은 컨설팅으로 해석될 위험이 있으며, 고객의 자율적 탐구를 방해할 수 있어서 적절하지 않다.

3번. 코칭과 컨설팅의 차이를 고객에게 명확히 하면서, 고객이 자신의 아이디어를 중심으로 탐구하도록 유도함으로써 자율성과 자신감을 강화할 수 있어서 최선의 답이다.

4번. 고객에게 코치의 생각을 말하면서 고객이 이를 평가하도록 유도한다. 이 방식은 고객의 자율성을 방해할 수 있어서 적절하지 않다.

(3) 최선의 답과 최악의 답변

최선의 답변: 3번

코칭과 컨설팅의 차이를 명확히 하고, 고객의 자율성을 지원하며 문제해결 역량을 강화하는 데 초점을 맞추고 있다.

최악의 답변: 2번

코칭의 본질에서 벗어나 고객에게 코치의 아이디어를 제공하는 것은 컨설팅에 가까운 행동이며, 이는 코칭의 기본을 저해한다.

고객이 코치에게 의견이나 조언을 요구할 때, 코치는 윤리적 기준을 유지하며 코칭의 목적을 충실히 수행해야 한다. 이 경우에는 코칭과 컨설팅의 차이를 고객에게 명확히 설명하고, 고객이 자신의 문제를 해결하기 위한 처음 목표를 떠올리고 그것을 스스로 탐구하도록 하는 것이 핵심이다. 이것이 고객의 자신감을 키우고, 문제 해결 능력을 강화시킨다.

모의문제 3

코치는 대학교의 행정팀장인 고객이 높은 업무 스트레스로 힘들어하는 것을 인식합니다. 고객은 이 상황이 계속되면 혈압이 올라서 쓰러질 것 같다며 걱정합니다. 고객은 과중한 업무로 수면시간도 너무 짧고 더 이상 체력적으로도 견디기 힘들 것 같다고 말합니다. 코치는 고객이 혈압으로 쓰러질 수 있다는 위험을 느끼고 걱정이 됩니다. 코치는 어떻게 해야 할까요?

1. 혈압으로 쓰러질 수 있는 긴급 상황을 예방하기 위해 고객이 병원에 가서 진단받을 것을 권유합니다.
2. 코치의 고객이 누구인지 밝히지 않고, 고객의 상사에게 직속 부하 직원의 건강에 대해 알립니다.
3. 고객이 설명한 내용을 고객의 회사에 알리겠다고 말합니다.
4. 고객에게 도움이 될만한 코치가 알고 있는 특별한 방법을 알려줍니다.

(1) 문제 분석

이 문제는 윤리 실천에 관한 것이다. 고객의 건강 상태가 심각한 상황에서, 코치는 이 상태가 자신의 전문성을 넘어서는 문제로 인식하고 적절한 전문가의 도움을 받을 수 있도록 안내해야 한다. 고객이 극심한 스트레스로 인해 심각한 건강 문제를 겪고 있을 때, 코치는 고객의 신체적 안전을 우선으로 하면서도 코칭의 범위와 윤리적 책임을 명확히 해야 한다. 코치는 고객의 안전을 최우선으로 고려하여 적절한 전문가에게 의뢰하도록 권유해야 한다.

(2) 답문 분석

1번. 고객에게 의학적 진단을 받을 것을 권유하며 고객의 건강 문제를 해결하려는 노력의 일환으로 적절하다. 이는 고객의 안전을 최우선으로 고려하는 행동이며, 코칭의 윤리적 책임과 일치하는 최선의 답이다.

2번. 고객의 동의 없이 고객의 상사에게 건강 상태를 알리는데, 이것은 윤리적 원칙을 위반한다. 고객의 개인 정보를 제3자에게 공개하는 것은 고객의 신뢰를 심각하게 훼손하며, 코칭 계약 위반에 해당되므로 최악의 답이다.

3번. 고객의 동의 없이 고객의 문제를 기관에 보고하는 것은 고객의 프라이버시와 신뢰를 침해하는 행동이다. 고객의 상황이 생명에 직접적이고 즉각적인 위협이 되지 않는 한, 이 같은 행동은 윤리적 기준에 어긋날 수 있다.

4번. 고객에게 해결방법을 제안하는 것은 문제를 전문적으로 해결할 수 없다. 코치는 의료 전문가의 역할을 대신할 수 없으므로, 이러한 행동은 적절하지 않다.

(3) 최선의 답과 최악의 답변

최선의 답변: 1번

고객에게 의학적 진단을 권유함으로써 고객의 건강 문제를 적절히 해결할 수 있도록 지원하며, 윤리적 책임을 충실히 이행한다.

최악의 답변: 2번

고객의 동의 없이 고객의 정보를 공개하는 것은 고객과의 신뢰를 훼손하며, 윤리적 기준에 심각하게 어긋난다. 고객의 건강 상태가 심각한 상황에서, 코치는 이 상태가 자신의 전문성을 넘어서는 문제라는 것을 인식하고 적절한 전문가의 도움을 받을 수 있도록 안내해야 한다.

모의문제 4

코칭하는 고객은 원래 밝고 긍정적이었는데, 어느 날 평소답지 않게 불안하고 슬프다고 말합니다. 고객은 코칭 세션에서 그런 일이 주기적으로 나타나고 있으며, 불안하고 슬플 때는 잠도 못자고 많이 괴롭다고 말합니다. 그리고 코칭 세션에서 이 문제를 해결하고 싶다고 말합니다. 코치는 어떻게 해야 할까요?

1. 고객이 도움을 받고 싶어 하는 것은 좋지만, 심각한 불안과 우울증이 있는 것 같아 코칭은 이러한 문제를 해결하는 최선의 방법이 아니라고 말합니다.
2. 불안과 우울증에 관해 읽을 자료를 제공하고, 다음 코칭 세션에서 이러한 문제에 대한 후속 논의를 합니다.
3. 고객이 정신 건강 전문가로부터 평가를 받을 수 있을 때까지 코칭 과정을 보류하도록 제안합니다.
4. 코칭이 최선의 선택이 아닐 수 있는 상황이 있다고 말하고, 고객이 주기적으로 나타나는 "슬픔과 불안"에 대해 정신 건강 전문가와 논의했는지 고객에게 물어봅니다.

(1) 문제 분석

이 문제는 고객의 정신 건강과 코칭의 한계에 대한 윤리적 문제를 다루고 있다. 고객의 주기적으로 나타나는 불안과 슬픔에 대한 것은 정신 건강 문제일 수 있다. 그래서 코치는 고객의 정신 건강을 최우선으로 고려하고 코칭의 역할과 한계를 인정하고 이 문제에 개입하기보다는 적절한 전문가에게 의뢰하도록 안내해야 한다.

(2) 답문 분석

1번. 고객에게 코칭이 이러한 문제를 해결하는 최선의 방법이 아니라고 말하는데, 이것은 코칭의 한계를 인식하게 하고, 고객의 정신 건강 문제를 적절히 다룰 수 있는 방법을 제시하려는 의도로 적절하다. 그러나 코칭 세션 중 고객의 필요를 바로 연결하기보다는 단순히 거부하는 것으로 보일 수 있다.

2번. 고객에게 불안과 우울증에 대한 자료를 제공하는 것으로, 정보 제공 차원에서 긍정적일 수 있으나, 이는 코칭의 범위를 넘어서는 행동이며 잘못된 결과를 초래할 수 있다.

3번. 고객이 정신 건강 전문가로부터 평가를 받을 때까지 코칭을 보류하는 것은 즉각적인 도움 없이 코칭을 중단하여 고객에게 불안감을 줄 수 있다.

4번. 코칭이 최선의 선택이 아닐 수 있음을 명확히 하고, 고객에게 정신 건강 전문가의 도움을 받을 것을 제안하는 것으로써 코칭 윤리와 고객의 안전을 모두 충족하는 접근이다. 이는 고객에게 선택권을 부여하며, 코칭의 범위를 명확히 하면서도 고객을 지원하려는 태도를 보여주는 최선의 답이다.

(3) 최선의 답과 최악의 답변

최선의 답변: 4번

고객이 코칭의 한계를 이해하면서도 정신 건강 전문가의 도움을 받을 수 있도록 안내하는 행동이기 때문이다. 이 접근은 윤리적이고 고객 중심적이다.

최악의 답변: 2번

불안과 우울증에 대한 자료를 제공하는 것은 코칭의 역할을 벗어난 행동이며, 고객의 문제를 해결할 수 있는 전문적인 도움을 제공하지 못하는 최악의 답이다.

이 시나리오는 코치가 코칭과 정신 건강 치료의 영역이 명확히 다르다는 것을 인식하는지를 묻는 윤리 실천 역량에 관한 문제이다. 이 상황에서는 코치가 고객의 정신 건강 문제를 직접 다루는 것을 피하고, 적절히 다룰 수 있도록 정신 건강 전문가에게 의뢰해야 한다. 고객의 상황에 대한 민감한 대응과 윤리적 책임을 준수하며, 고객이 안전하게 문제를 해결할 수 있도록 돕는 것이 핵심이다.

2

고객이 무엇을 해야 하는지 모른대요

② 목표 합의

1) 합의 구축 및 유지의 의미

'합의 구축 및 유지(Establishes and Maintains Agreements)'는 코칭의 성공적인 결과를 만들어 내기 위한 필수적인 역량이다. 명확한 목표와 계획이 수립될 때, 고객은 자신의 성장 방향을 명확히 인지하고 동기를 갖게 된다. 목표가 잘 달성되도록 하기 위해서는 정기적인 진행 점검과 정확한 피드백을 통해 코칭 과정을 효과적으로 관리해 나가야 한다.

성공적이고 효과적인 합의 구축 및 유지는 고객의 요구와 상황이 변화할 때 계획을 재검토하고 조정하는 것을 포함한다. 코칭 관계는 고객 중심적이고 투명하며 목표 지향적이어야 한다. 계약은 고객과의 신뢰 기반을 구축해 주고, 고객이 지지받고 있다고 느끼게 하여 코칭에 진지하게 임하게 한다. 합의 구축 및 유지는 코칭 과정에서 고객과 이해 관계자(의뢰자와 코칭 대상자가 다를 경우)와 협력하여 명확하고 구체적인 목표와 지침을 설정하는 것을 중요하게 다룬다. 이는 단순히 세션 시작 전의 합의로 그치지 않고, 코칭 관계 전반에 걸쳐 지속적으로 재확인되고 유지되어야 한다.

2) 합의 구축 및 유지의 구성 요소

(1) 코칭과 코칭이 아닌 것 구분하기

코칭 시작 시, 코치는 고객과 이해 관계자에게 코칭의 본질과 한계를 명확히 설명해야 한다. 이는 코칭이 단순한 조언이나 상담이 아님을 분명히 하여, 고객의 기대와 코칭의 실제 제공 사항 간 불일치를 방지한다. 또한, 코칭 프로세스와 코치의 역할을 구체적으로 설명함으로써 고객의 이해를 돕는다.

시험 적용 포인트

시험에서는 코치가 코칭과 다른 전문 서비스의 차이를 설명하고 이를 기반으로 고객의 기대를 조율하는 능력을 평가한다. 주어진 시나리오에서 코칭의 한계를 명확히 설명하는 상황이 출제될 수 있다.

(2) 적절성과 책임 합의하기

코치는 고객과 이해 관계자와 함께 코칭 관계에서 무엇이 적절하고, 무엇이 적절하지 않은지에 대해 명확히 합의해야 한다. 또한, 고객과 이해 관계자의 책임과 역할에 대해서도 명확히 논의해야 한다. 예를 들어, 고객이 세션 후 행동 계획을 이행하는 데 책임이 있음을 명시해야 한다.

시험에서는 코치가 코칭 관계에서의 책임과 역할을 명확히 구분하고, 이를 고객과 합의하는 능력을 평가한다. 코칭 관계의 경계를 설정하는 상황이 출제될 수 있다.

(3) 코칭 관계의 지침 및 특이사항 합의하기

코치는 코칭 과정에서 발생할 수 있는 세부 사항들에 대해 고객과 합의해야 한다. 이는 비용, 일정, 기간, 비밀 보장, 다른 사람의 포함 여부 등과 같은 실질적인 사항들을 포함한다. 이러한 논의는 고객과의 신뢰를 형성하고 예기치 못한 갈등을 방지하는 데 도움을 준다.

시험 적용 포인트

시험에서는 코치가 코칭 과정의 실질적인 지침에 대해 명확히 합의하고 이를 고객과 협의하는 능력을 평가한다. 예를 들어, 비밀 유지 정책을 설명하고 동의를 받는 상황이 출제될 수 있다.

(4) 전체 코칭 계획 및 목표 설정하기

코치는 고객 및 이해 관계자와 함께 전체 코칭 과정의 계획과 목표를 설정해야 한다. 이는 고객이 코칭을 통해 무엇을 달성하고자 하는지 명확히 하고, 구체적인 성공 기준을 설정하는 데 중점을 둔다. 목표 설정은 고객의 기대를 명확히 하고, 코칭 과정에 집중할 수 있는 기반을 제공한다.

시험에서는 코치가 고객과 함께 목표를 설정하고 이를 기반으로 코칭 과정을 계획하는 능력을 평가한다. 고객의 목표를 명확히 정의하고, 이를 성공 척도로 연결하는 문제가 포함될 수 있다.

(5) 세션 목표 찾기 및 재확인하기

각 코칭 세션에서 코치는 고객과 함께 세션의 구체적인 목표를 설정하거나 재확인해야 한다. 이는 세션의 방향성을 정하고, 고객이 원하는 결과를 달성하도록 돕는다. 목표가 불명확하거나 여러 목표가 혼재된 경우, 세션에서 집중할 수 있는 중요한 목표를 정의하여 이에 집중할 필요가 있다.

시험 적용 포인트

시험에서는 코치가 고객과 세션 목표를 설정하고 이를 지속적으로 재확인하는 능력을 평가한다. 세션 중 고객의 목표가 불명확하거나 고객이 목표에 집중하지 못할 때, 코치는 목표를 재확인하고 필요에 따라 목표를 조정할 필요가 있는지 고객에게 질문해야 한다.

(6) 성공 척도 정의 및 재확인하기

코치는 고객과 함께 코칭 과정에서 달성하고자 하는 목표의 성공 척도를 정의하거나 재확인해야 한다. 이는 고객이 자신의 진척 상황을 평가하고 목표 달성 여부를 명확히 확인할 수 있도록 돕는다.

시험에서는 코치가 고객과 성공 척도를 정의하고 이를 대화 속에서 재확인하는 능력을 평가한다. 고객의 성과를 측정하는 기준을 설정하는 시나리오가 출제될 수 있다.

핵심 키워드

3) 목표 합의 모의 문제풀이

모의문제 1

비즈니스 코칭을 하고 있는 고객은 구성원들의 성과를 도출하기 위해 동기부여하는 방법을 찾는 데 많은 노력을 해왔습니다. 세션이 시작될 때, 고객은 최근 새로 공부하기 시작한 마케팅 방법에 대해 이야기했습니다. 또한 고객은 구성원들의 성과를 도출하기 위한 아이디어를 나누고 싶다고 말합니다. 코치는 이 요청에 대해 호기심이 듭니다. 코치는 어떻게 해야 할까요?

1. 이미 매우 잘 하고 있는데 왜 공부를 하는지 고객에게 물어봅니다.

2. 다른 사람이 동기부여한 노하우를 고객에게 이야기합니다.

3. 공부가 성과 도출 목표와 어떤 관련이 있는지 고객에게 말해달라고 요청합니다.

4. 공부가 구성원들 동기를 부여하는 데 어떤 도움이 되는지 고객에게 물어
봅니다.

(1) 문제 분석

이 문제는 ICF 코칭 핵심역량 중 '합의 도출' 역량에 해당한다. 코치는 고객의 목표를 명확히 하고, 이 목표가 고객의 더 큰 목표와 어떻게 연결되는지 파악해야 한다. 또한, 고객이 제시하는 정보와 행동 사이의 불일치를 인지하고, 이를 통해 고객의 숨겨진 동기나 저항을 파악해야 한다.

(2) 답문 분석

1번. 이미 매우 잘하고 있는데 왜 공부를 하는지 고객에게 물어보는 것으로, 고객의 행동에 질문이 너무 직접적이며, 고객이 즉시 답변하기 어려울 수 있다.

2번. 다른 사람이 동기부여한 노하우를 고객에게 이야기하는 것으로써, 고객에게 다른 사람의 동기부여 노하우를 말하는 것은 고객의 현재 상황을 해결하지 못하며, 직접적으로 도움이 되지 않을 수 있으므로 최악의 답이다.

3번. 공부가 목표와 어떤 관련이 있는지 이야기하도록 고객에게 요청하고 있다. 이는 고객의 목표와 공부 사이의 연결성을 찾도록 돕는 시도다. 고객 스스로 목표를 재확인하고 목표를 이루는 데 도움이 되는 효과적인 해결책을 찾도록 돕는 최선의 답이다.

4번. 공부가 구성원들에게 동기를 부여하는 데 어떤 도움이 되는지 고객

에게 물어보는 것은 고객이 공부 내용에 집중하게 한다. 그러나 고객이 아직 공부 내용을 충분히 이해하지 못했다면 답변하기 어려울 수 있다.

(3) 최선의 답과 최악의 답변

최선의 답변: 3번

공부가 고객의 목표와 어떻게 연결되는지 질문함으로써 고객이 자신의 목표를 명확히 하고 자신이 하는 행동의 의미를 성찰하도록 돕는다. 이는 목표를 환기시키고 자율성과 자기 인식을 촉진하는 효과적인 접근이다.

최악의 답변: 2번

고객에게 다른 사람의 동기부여 노하우를 말하는 것은 고객에게 다른 사람의 방법을 따라하도록 강요하는 결과를 낳을 수 있으며, 이는 별 도움이 되지 않을 수 있으므로 지양해야 한다.

이 시나리오는 고객이 제시하는 정보와 행동 사이의 불일치를 인지하고, 목표를 향해 집중할 수 있도록 하는 것을 주 내용으로 한다. 공부가 목표와 어떤 관련이 있는지 질문하는 것은 고객의 목표와 공부 사이의 연결성을 찾도록 도우며, 고객 스스로 문제를 인식하고 해결책을 찾도록 해주는 효과적인 방법이다.

모의문제 2

지난 몇 달간 코칭을 받아온 고객은 세션이 시작될 때, 이번 주에 무슨 내용으로 코칭 받을지 모르겠다고 말합니다. 코치는 고객이 그동안 하기로 한 목표도 이행하지 않고, 코칭에 관심이 없어서 실망했습니다. 또한, 고객이 코칭에 열정이 없고 자신의 문제를 해결하려는 의지도 보이지 않아서 고민이 됩니다. 코치는 어떻게 해야 할까요?

1. 초기 세션에서 정한 목표를 검토하고, 기존에 수립한 목표를 변경해야 할지 물어봅니다.
2. 이전 코칭 세션의 메모를 검토하고, 고객이 이 세션에서 계속 논의할 주제 중 하나를 선택하도록 권장합니다.
3. 지난 몇 주 동안 무슨 일이 있었는지 설명해달라고 요청하고, 이번 세션에서 해결하고 싶은 주제가 무엇인지 파악합니다.
4. 코칭 세션 일정을 다음 주로 변경하고, 고객에게 제대로 된 목표를 세워오라고 요청합니다.

(1) 문제 분석

이 문제는 목표 설정과 고객의 코칭 참여 부족에 관련된 문제다. 고객이 코칭 세션의 목적을 명확히 하지 못하고, 코칭 과정에 대한 적극성이 부족할 때에는 고객이 코칭 세션에서 유의미한 결과를 얻을 수 있도록, 고객의 목표를 재정의하거나 새로운 목표를 설정해야 한다.

(2) 답문 분석

1번. 초기 세션에서 설정한 목표를 재검토하고, 이 목표를 재조정할지 물어보며 코칭의 방향성을 재조정하도록 지원하고 있다. 이는 고객이 코칭 과정에 다시 참여하게 하고, 코칭의 목적을 재확인하는 기회를 제공하는 최선의 답이다.

2번. 이전 세션의 메모를 검토하고 주제를 선택하도록 권장하고 있다. 이는 코치 주도로 고객의 참여를 유도하며 고객의 자율성을 충분히 고려하지 못할 수 있다.

3번. 최근 몇 주 동안 경험한 것을 이야기하도록 요청하고, 세션에서 다룰 주제를 찾는 것으로, 고객 중심적 접근으로 긍정적이지만 고객의 장기 목표와 코칭의 전반적인 방향성을 놓칠 위험이 있다.

4번. 코칭 세션을 연기하고 고객에게 준비할 수 있는 시간을 주는 것 같지만, 이는 고객의 현재 상태를 즉각적으로 지원하지 못하고 코칭 관계를 약화시킬 수 있으므로 최악의 답이다.

(3) 최선의 답과 최악의 답변

최선의 답변: 1번

초기 세션에서 설정한 목표를 재검토함으로써 코칭 과정의 방향성을 명확히 하고, 고객이 코칭에 다시 몰입하도록 지원한다.

최악의 답변: 4번

코칭 세션을 연기하는 것은 고객의 현재 요구를 해결하지 못하며, 코칭 관계를 약화시킬 수 있다.

이 시나리오에서 코치는 고객이 코칭 세션에서 목표를 재확인하거나 재조정할 수 있도록 지원해야 한다. 초기 세션에서 설정한 목표를 검토함으로써 코칭의 목적을 다시 명확히 하고, 고객이 적극적으로 참여할 수 있는 환경을 조성하는 것이 중요하다. 이를 통해 고객은 자신의 성과를 개선하고, 코칭 과정에서 유의미한 결과를 얻을 수 있다.

모의문제 3

고객은 이런저런 이야기를 하면서 세션을 시작합니다. 고객은 그간의 포기했던 과거 이야기와 다른 사람들에 대한 걱정, 그리고 변화해야 하는데 어떻게 해야 할지 모르겠다는 걱정을 합니다. 코치는 세션에서 고객과 함께 하는 시간이 짧다는 것을 알고 있으며, 고객이 앞으로 나아가는 데 도움이 되는 행동 단계를 파악하도록 돕고 싶습니다. 코치는 어떻게 해야 할까요?

1. 고객이 말한 내용을 고객에게 요약해서 들려주고 그것이 정확한지 물어봅니다.
2. 세션의 목표를 제시하고, 고객에게 이 생각에 응답하도록 요청합니다.
3. 고객이 목표를 달성할 수 있다는 격려를 제공합니다.
4. 고객이 이야기한 세 가지 핵심사항을 요약하고, 어떤 것에 집중하고 싶은지 고객에게 물어봅니다.

(1) 문제 분석

이 문제는 시간 제약이 있는 상황에서 고객의 목표를 명확히 설정하고 행동으로 연결하는 접근 방식을 다루고 있다. 고객이 세션에서 많은 주제를 이야기하며 혼란스러워할 때, 코치는 제한된 시간 내에 고객이 실질적인 행동 단계를 파악하도록 지원해야 한다. 코치는 고객이 여러 가지 중에 어떤 목표에 집중할지 고객이 스스로 선택할 수 있도록 도와야 한다.

(2) 답문 분석

1번. 고객이 말한 내용을 다시 설명하고 확인하고 있다. 이것은 고객의 이야기를 명확히 정리하는 데 도움을 줄 수 있다. 그러나 이는 고객의 우선순위를 탐색하거나 세션의 초점을 설정하는 데까지 이어지지 않으므로 제한된 시간 내에 효과적인 결과를 도출하기 어렵다.

2번. 코치가 세션의 목표를 제안하고 고객에게 응답을 요청하는 것으로, 코칭 세션의 방향성을 제시하고 있다. 그러나 이는 코치 중심적 접근으로, 고객의 자율성을 제한하고 고객의 내적 동기를 충분히 반영하지 못하는 최악의 답이다.

3번. 고객에게 목표를 달성할 수 있다는 격려를 제공하는 것은 긍정적인 지원의 일환으로 보인다. 그러나 구체적인 목표 설정이나 세션의 초점 도출로 이어지지 않으므로 세션의 효과성을 제한한다.

4번. 고객이 언급한 세 가지 핵심 사항을 요약하고, 고객에게 무엇에 집중하고 싶은지 물어보고 있다. 이를 통해 고객의 이야기를 정리해주며, 세션의 초점을 고객 스스로 선택하도록 돕는 접근이다. 이는 고객 중심적이며 세션에서 의미 있는 결과를 도출할 가능성을 높이는 최선의 답이다.

(3) 최선의 답과 최악의 답변

최선의 답변: 4번

고객이 제시한 목표를 요약해 주고 고객이 자신이 말한 여러 가지 목표 중 중요한 목표를 스스로 선택하도록 돕는 고객 중심적이고 효과적인 접근이다. 이는 고객이 주도적으로 세션의 방향을 설정할 수 있도록 돕는다.

최악의 답변: 2번

세션 목표를 코치가 제안하는 것은 고객의 자율성을 제한하며, 코칭의 본질에서 벗어난 접근이다.

이 시나리오에서 코치는 고객이 목표를 잡지 못하고 있을 때 코치가 목표를 제시하거나 이끌어가는 것을 피하고, 고객의 이야기를 정리하고, 고객이 스스로 세션의 초점을 선택할 수 있도록 지원해야 함을 강조하고 있다. 고객이 말한 주제들을 요약해 주고, 고객이 우선적으로 다루고 싶은 주제를 스스로 선택하도록 돕는 것이 바람직하다. 이를 통해 고객은 제한된 시간 내에도 목표를 명확히 설정하고 행동으로 옮길 수 있다.

모의문제 4

경영진은 새로 고용된 임원을 위해 코치를 고용했습니다. 경영진은 새 임원이 강력한 리더십을 갖도록 코칭해달라고 했습니다. 그런데 코칭을 받는 당사자는 자신은 부드러운 사람이며 강한 리더십은 원하지 않는다고 말합니다. 코치는 어떻게 해야 할까요?

1. 경영진에게 코칭 계약을 변경하게 해달라고 요청하도록 고객에게 권장합니다.
2. 고객이 원하는 리더가 되도록 세션의 방향을 조정합니다.
3. 고객이 원하는 새로운 코칭 목표를 설정해도 되는지 경영진에게 물어 보라고 말합니다.
4. 코칭 목표와 자신의 욕구 사이의 불일치를 어떻게 처리하고 싶은지 고객에게 물어봅니다.

(1) 문제 분석

이 문제는 코칭 계약의 목표와 고객의 내적 욕구 사이의 갈등을 다루고 있다. 코칭 목표는 경영진과 조직의 필요를 반영하여 설정되었는데, 고객은 해당 목표가 자신과 맞지 않는다고 느낀다. 코치는 고객 중심 접근을 유지하면서 조직과의 계약 조건도 존중해야 한다. 고객이 자신의 리더십 비전에 맞는 목표에 대해 자율성을 가지면서도 조직의 기대와 고객의 욕구 간의 균형을 유지하도록 코칭해야 한다.

(2) 답문 분석

1번. 고객에게 과도한 책임을 전가하는 부담을 줄 수 있다. 이는 코치가 계약 조정 과정에서 필요한 지원을 충분히 제공하지 않는 것으로 해석될 수 있다.

2번. 고객 중심적인 접근이지만 경영진의 기대를 충분히 고려하지 않을 위험이 있어, 코칭 계약 조건을 약화시키는 결과를 초래할 수 있다.

3번. 코치가 고객에게 경영진에게 직접 물어보라고 하고 있는데, 이는 고객의 자율성을 제한할 수 있으며, 코칭 관계를 복잡하게 만들 위험이 있다. 이는 코칭 관계에 불필요한 긴장감을 조성하며, 고객의 문제 해결 능력을 저해할 수 있다.

4번. 고객에게 코칭 목표와 자신의 욕구 간의 불일치를 어떻게 처리하고 싶은지 질문하는 것은 고객이 자신의 상황을 명확히 인식하고, 이를 해결할 수 있는 방식을 스스로 탐구하게 돕는다. 이는 고객의 자율성을 존중하고 코칭의 방향을 재조정하는 데 효과적으로 최선의 답이다.

(3) 최선의 답과 최악의 답변

최선의 답변: 4번

고객이 자신의 욕구와 코칭 목표 간의 갈등을 인식하고, 이를 해결할 방안을 스스로 탐구하도록 지원하는 접근이다. 이는 고객 중심적이며 코칭의 본질에 충실한 방식이다.

최악의 답변: 1번

고객에게 경영진과의 계약 변경을 요청하도록 권장하는 것은 고객에게 과도한 부담을 줄 수 있으며, 코칭 관계를 약화시킬 수 있다.

이 시나리오에서 코치는 고객 자신이 코칭을 통해 원하는 것과 경영진이 제시한 코칭 목표 간의 갈등을 어떻게 해결할지를 묻는 질문이다. 이럴 경우 코치는 고객이 원하는 목표를 존중하고 자율성을 갖도록 하면서도, 경영진이 제시한 목표도 함께 다루도록 해야 한다. 이를 통해 고객은 자신의 목표를 성취하고 조직의 기대에도 부응할 수 있는 해결책을 찾을 수 있다.

모의문제 5

고객은 20년 동안 금융업계에서 고위직으로 일했지만, 최근 업무에서 보람을 느끼지 못하고 번아웃을 경험하고 있습니다. 그는 창업, 교육, 컨설팅 등 새로운 커리어를 고민하고 있지만, 자신의 기술이 다른 업계에서 얼마나 가치가 있을지 확신이 없습니다. 그러던 중 금융업계 내 다른 회사에서 고문 역할을 제안받아 면접을 보기로 했습니다. 이 역할이 기존 업무와는 좀 다르지만, 변화해야 한다는 고민도 있습니다. 코치는 고객이 장기적으로 원하는 방향과 현재 선택이 얼마나 부합하는지 탐색하도록 도와야 합니다. 코치는 어떻게 해야 할까요?

1. 고객이 면접을 성공적으로 준비할 수 있는 방법을 찾기 위해 함께 논의하자고 요청합니다.

2. 고객이 새로운 기회를 향해 나아가고 있음을 인정하며, 면접에 대한 기대나 고민이 무엇인지 질문합니다.

3. 고객이 면접을 보려는 직무가 자신의 핵심 가치, 강점 등과 어떻게 연결되는지 물어봅니다.

4. 고객이 원하는 커리어 목표를 다시 확인하고, 이를 이루기 위해 이번 세션에서 어떤 부분을 다루는 것이 가장 도움이 될지 묻습니다.

(1) 문제 분석

이 문제는 목표 합의 역량을 평가하는 문제다. 고객은 새로운 커리어 방향을 찾기 위해 코칭을 받고 있으며, 다양한 옵션을 고려하는 과정에서 혼란을 느끼고 있다. 코치는 고객이 목표를 명확히 하고, 현재 고려 중인 선택이 본래의 목표와 일치하는지 탐색하도록 도와야 한다.

(2) 답문 분석

1번. 고객이 면접을 준비하는 데 집중하는 것은 실용적일 수 있지만, 현재 고객이 원하는 진정한 목표(새로운 분야로의 전환)와 직접적으로 연결되지 않을 수 있다. 또한, 목표 합의가 불분명한 상태에서 실질적인 준비를 바로 시작하는 것은 고객의 방향성을 더 흐릴 수 있다.

2번. 면접에 대한 감정을 묻는 것은 필요하지만, 고객의 목표와 일치하는지에 대한 논의 없이 진행되면 효과적인 코칭이 되기 어렵다.

3번. 고객이 현재 선택한 직무가 본인의 핵심 가치, 열정, 장기적인 목표와 부합하는지 깊이 탐색하는 질문을 던지는 것은 코칭에서 중요하다. 고객이 단기적인 선택에 치우치지 않고, 본인의 커리어 방향성과 맞는지 검토하도록 도울 수 있다.

4번. 고객이 본래 설정한 목표를 다시 돌아보게 하는 것은 좋은 접근이지만, 고객이 선택한 면접이 목표와 일치하는지 확인하는 과정이 빠져 있다.

(3) 최선의 답과 최악의 답변

최선의 답변: 3번

고객의 목표가 명료하지 않을 때에는 본인의 핵심 가치, 열정, 장기적인 목표에 대해 성찰하게 하고, 단기적인 결과에 치우치지 않고, 장기적인 성장이 가능한 목표를 수립하도록 돕는 것이 바람직하다.

최악의 답변: 1번

고객이 면접을 준비하는 데 집중하게 하는 것은 목표 합의가 불분명한 상태에서 단기적인 실질적인 준비를 바로 시작하게 하여 고객의 방향성을 더 흐릴 수 있다.

이 문제의 핵심은 고객이 선택한 새로운 직무가 본인이 원했던 장기적인 변화와 일치하는지 탐색하는 것이다. 면접 준비나 감정 확인도 중요하지만, 목표와의 정렬을 확인하는 것이 우선이다. 코치는 고객이 단기적인 변화에만 초점을 두는 것이 아니라, 본인의 가치와 목표에 맞는 선택을 하고 있는지 질문을 통해 깊이 탐색할 수 있도록 도와야 한다.

3

고객이 솔직하게 말하지 않아요

③ 신뢰 구축

1) 신뢰와 안전감 조성의 의미

'신뢰와 안전감 조성(Cultivates Trust and Safety)'은 코칭 관계의 기반이 되는 가장 중요한 역량이다. 고객이 코치를 신뢰하고 안전하다고 느낄 때 비로소 마음을 열고 자신의 문제를 솔직하게 이야기하며 변화를 위한 노력을 기울일 수 있다. 코치는 고객이 안전함을 느끼고 지원받고 있으며, 판단에 대한 두려움 없이 자유롭게 자신을 표현할 수 있는 환경을 만들어야 한다. 이 역량은 신뢰, 존중, 공감을 바탕으로 코칭 관계를 구축하는 것이다. 코치는 고객이 어려운 주제를 탐구하고 감정을 공개적으로 표현하며, 개인적 또는 전문적 성장을 위해 위험을 감수하도록 격려해야 한다. 신뢰와 안전감을 키우는 과정에서 코치는 고객이 도전에 맞서고, 통찰력을 얻으며, 원하는 결과를 향해 나아갈 수 있는 공동의 공간을 만들어야 한다.

세션 동안 코치는 적극적으로 경청하고, 존중하며, 자신의 견해를 강요하지 않고 고객의 경험을 인정해야 한다. 여기에는 고객의 말을 의역하여 충분히 이해하고 있다는 것을 보여주는 것이 포함된다. 예를 들어 "지금 많이 불안해하는 것 같은데 괜찮으세요?"와 같은 문구를 사용할 수 있다. 또한, 고객이 중요한 삶의 변화에 대한 두려움을 이야기할 때, 코치는 "이 전환에 대해 불안해하는 것 같은데, 상황을 고려하면 자연스러운 반응입니다."라고 말하며 공감을 표시할 수 있다. 이러한 인정은 고객의 감정을 확인할 뿐만 아니라 코치가 지지하고 있다는 신호를 나타내는 것이기도 하다.

공감과 존중을 보여주면 고객이 가장 깊은 생각과 우려를 편안하게 공유할 수 있는 안전한 공간이 만들어진다. 고객은 자신이 어떠한 이야기를 해도 코치가 판단하거나 비난하지 않을 것이라는 확신이 생기면, 더 편안하고 자유롭게 깊은 자기 탐구를 할 수 있다.

2) 신뢰와 안전감 조성의 구성 요소

(1) 고객의 정체성과 맥락 이해하기

코치는 고객의 정체성, 환경, 경험, 가치, 신념 등의 맥락을 이해하려고 노력해야 한다. 이를 통해 고객의 말 뒤에 숨겨진 의미를 파악하고, 고객의 관점에서 문제를 바라볼 수 있다. 코치는 고객의 배경과 경험을 존중하며 이를 기반으로 적절한 접근 방식을 개발해야 한다.

시험 적용 포인트

시험에서는 코치가 고객의 맥락을 이해하고 이를 기반으로 코칭을 진행하는 능력을 평가한다. 시나리오에서는 고객의 배경이나 환경을 고려한 적절한 대응을 묻는 질문이 출제될 수 있다.

(2) 고객에 맞춘 코칭 진행하기

코치는 고객의 정체성, 인식, 스타일 및 언어를 존중하며 고객의 특성에 맞는 코칭 방식을 선택하는 것이 중요하다. 예를 들어, 고객이 직접적이고 간결한 의사소통을 선호한다면 코치도 이에 맞는 스타일로 접근해야 한다. 이는 고객이 코칭 과정에서 좀 더 편안함을 느끼고 대화에 적극적으로 참여할 수 있도록 돕는다.

시험 적용 포인트

시험에서는 코치가 고객의 의사소통 스타일과 선호도를 이해하고 이를 기반으로 대화를 이끄는 능력을 평가한다. 고객의 언어와 표현 방식을 반영하는 문제를 다루는 시나리오가 출제될 수 있다.

(3) 고객의 고유한 재능과 통찰 인정하기

코치는 고객이 가진 고유한 재능, 통찰, 노력을 인정하고 이를 존중해야 한다. 이는 고객이 자신의 강점을 인식하고 이를 바탕으로 문제를 해결하는 데 도움을 준다. 코치는 고객이 가진 능력을 진심으로 존중하며, 이를 대화 속에서 자연스럽게 드러나도록 도와야 한다.

시험 적용 포인트

시험에서는 코치가 고객의 강점을 인정하고 이를 기반으로 대화를 발전시키는 능력을 평가한다. 고객의 재능이나 통찰을 인식하고 이를 대화에 반영하는지를 평가하는 문제가 출제될 수 있다.

(4) 지지와 공감 표현하기

코칭 세션 동안 고객에게 진심 어린 지지와 공감을 표현하는 것은 신뢰와 안전감을 강화하는 데 필수적이다. 고객의 감정과 생각을 존중하며 이를 있는 그대로 받아들여야 한다. 예를 들어, "그 말씀을 듣고 보니, 정말 어려운 상황이셨겠네요."와 같은 표현은 고객이 진심으로 이해받고 있음을 느끼게 한다.

시험 적용 포인트

시험에서는 코치가 고객에게 공감과 지지를 적절히 표현하는지를 평가한다. 고객의 감정 상태를 이해하고 이에 공감하며 대화를 이어가는 능력이 중요한 평가 항목이다.

(5) 고객의 표현을 인정하고 지원하기

코치는 고객이 자신의 감정, 인식, 관심, 신념, 제안을 자유롭게 표현하도록 인정하고 지원해야 한다. 고객이 자신의 생각을 말로 표현할 때, 코치는 이를 비판 없이 받아들이며 더 깊이 탐구할 수 있도록 돕는다. 이 과정에서 고객은 자신이 존중받고 있다는 느낌을 받으며 더 큰 신뢰를 형성하게 된다.

시험 적용 포인트

시험에서는 고객이 자신의 생각과 감정을 자유롭게 표현하도록 코치가 어떻게 지원하는지를 평가한다. 고객의 생각과 감정을 존중하며 대화를 발전시키는 과정을 묻는 문제가 출제될 수 있다.

(6) 투명성과 개방성 보여주기

코치는 자신의 한계를 인정하고 고객과의 대화에서 투명성과 개방성을 보여야 한다. 이는 고객과의 신뢰를 강화하고 코칭 관계를 더욱 공고히 한다. 코치가 완벽하지 않음을 인정하며 고객과 인간적으로 연결되는 순간이 신뢰를 구축하는 데 중요한 역할을 한다. 예를 들어, 고객이 특정한 질문이나 상황에서 즉각적인 답을 찾지 못할 때, 코치가 "이 부분에 대해 저도 바로 답을 드리기는 어렵지만, 함께 탐구해 보아요."라고 말하는 것은 투명성을 보여주는 좋은 사례다. 이는 고객에게 코치의 진솔함을 느끼게 하고 코칭 대화에 대한 신뢰감을 높여준다.

시험 적용 포인트

시험에서는 코치가 투명성과 개방성을 통해 신뢰를 형성하는 과정을 평가한다. 코치가 모르는 지식에 접하거나 실수에 직면했을 때, 자신의 한계를 인정하며 고객과 진솔하게 소통하는 능력을 평가하는 문제가 출제될 수 있다.

핵심 키워드

재능과 통찰력 인정 | 공감 | 인정과 지지
걱정과 신념 등을 부끄럼 없이 표현하도록 독려

3) 신뢰 구축 모의 문제풀이

모의문제 1

고객은 자신의 종교적 신념과 신앙 경험을 이야기하면서 코치가 종교인인지 묻습니다. 코치는 고객의 종교적 신념은 코칭 목표와는 상관없는 것이라고 생각합니다. 코치는 종교에 대한 고객의 질문에 답하고 싶지 않지만 답을 하지 않으면 코칭 관계가 악화될 것 같아 걱정이 됩니다. 코치는 어떻게 해야 할까요?

1. 자신의 종교적 신념을 설명하고, 그러한 신념을 고객의 종교적 신념과 비교합니다.
2. 고객의 신념에 대한 코치의 생각을 아는 것이 고객의 목표를 달성하는 데 어떻게 도움이 되는지 고객에게 물어봅니다.
3. 종교적 신념을 처음으로 언급한 이유를 고객에게 물어봅니다.
4. 코치는 자신의 종교적 신념에 대해 이야기하고 싶지는 않지만, 고객이 자신의 신념에 대해 이야기하고 싶어 한다면 괜찮다고 말합니다.

(1) 문제 분석

이 문제는 ICF 핵심역량 중 신뢰와 안전감 조성과 관련이 있다. 고객이 종교적 신념에 대해 이야기하는 상황에서 코치는 고객의 신념을 존중하고, 코칭 관계가 신뢰와 안전한 환경에서 유지될 수 있도록 관리해야 한다. 이 상황에서는 코치가 자신의 신념을 고객과 공유하는 것보다는, 고객이 자신의 신념을 탐구하고, 그것이 코칭 목표에 어떻게 영향을 미치는지 이해하는 것이 중요하다.

(2) 답문 분석

1번. 자신의 종교적 신념을 설명하고, 고객의 신념과 비교하는데, 고객의 신념을 평가하거나 대조하는 것은 바람직하지 않다. 고객의 신념을 인정하거나 존중하는 대신, 코치가 자신의 신념을 강조하는 것은 코칭 관계에서 신뢰를 해칠 수 있기 때문에 최악의 답변이다.

2번. 고객의 신념이 코칭 목표에 어떻게 도움이 되는지 물어봄으로써 고객의 신념을 존중하고 있다. 또한 그것이 코칭 목표에 어떤 영향을 미치는지 탐구하고 있다. 코치는 고객의 신념을 코칭 과정에 통합하고, 고객이 자신의 신념을 탐구하고 이를 바탕으로 목표 달성을 위한 계획을 세울 수 있게 돕고 있으므로 바람직하다.

3번. 고객이 종교적 신념을 처음 언급한 이유를 물어본다. 이것은 고객의 감정과 동기를 탐구하는 것처럼 보이지만 고객의 신념이 코칭 목표와 어떤 관계가 있는지를 이해하는 구체적인 접근이 없다.

4번. 고객이 원한다면 코치가 자신의 신념을 이야기해도 괜찮다고 말하는 것인데, 코치의 신념을 말하는 것은 코칭 관계에 방해가 될 수 있기 때문에 지양해야 한다.

(3) 최선의 답과 최악의 답변

최선의 답변: 2번

고객의 신념이 코칭 목표를 달성하는 데 어떤 도움이 될 수 있는지 물어보는 것은 고객의 신념을 존중하며, 그것이 코칭 과정에서 중요한 역할을 할 수 있도록 돕는 접근이다.

자신의 종교적 신념을 설명하고 고객의 신념과 비교하는 것은 고객의 신념을 평가하거나 코치의 신념을 우선시하는 것으로, 고객의 신뢰와 코칭 관계를 해칠 수 있기 때문에 최악의 답변이다.

이 문제는 신뢰와 안전감 조성 역량을 중심으로, 고객의 종교적 신념을 존중하고, 그것이 코칭 목표에 미치는 영향을 탐구하는 과정에서의 코칭 접근을 평가하는 문제다. 고객의 신념을 인정하고 존중하는 것이 가장 중요하며, 코치의 개인적인 신념을 강조하거나 비교하는 것은 지양해야 한다. 이 경우 고객의 신념이 코칭 목표에 어떻게 연결되는지를 함께 탐구하는 것이 최선의 방법이다.

모의문제 2

코치는 고객과의 첫 세션에서 고객의 새로운 경영직 책임에 대해 이야기를 나누고 있습니다. 고객은 직장 내에서 의사결정을 내리는 데 불안감을 느끼고 있으며, 이를 동료들에게 보이는 것이 두렵다고 말합니다. 고객은 자신의 불안감을 숨기기 위해 일부러 과도하게 자신감 있는 모습을 보이려 한다고 고백합니다. 고객은 코치에게 이 상황에 대해 어떻게 생각하는지 물으며, 코치의 의견이 자신의 행동에 대해 부정적일까 걱정하는 것처럼 보입니다. 코치는 어떻게 해야 할까요?

1. 고객의 불안감을 솔직히 인정하며, 코치가 이를 부정적으로 보지 않는다고 위로합니다.
2. 고객의 행동을 과도한 자신감이라고 말하며, 이를 더 나은 방식으로 수정할 수 있는 방법을 제안합니다.
3. 고객이 이 불안감을 느낄 때마다 긍정적인 마음으로 바꿀 수 있는 대안은 무엇인지 질문합니다.
4. 고객의 불안감을 코칭의 중심 주제로 설정하고, 이러한 감정을 다루기 위해 다음 세션을 계획합니다.

(1) 문제 분석

이 문제는 신뢰와 안전감 조성 역량에 해당된다. 신뢰와 안전감을 조성하기 위해 코치는 고객의 감정을 인정하고, 고객이 솔직하고 안전하게 자신의 감정을 탐구할 수 있는 환경을 만들어야 한다. 특히, 고객이 자신의 취약한 부분을 드러낼 때, 코치는 이를 존중하고 지원해야 한다.

(2) 답문 분석

1번. 고객의 불안감을 인정하고 이를 부정적으로 보지 않는다는 점을 말함으로써 고객을 위로한다. 이렇게 하면 고객이 자신의 감정을 숨기지 않고, 코치와 함께 솔직하게 대화할 수 있도록 신뢰를 구축할 수 있어서 최선의 답이다.

2번. 고객의 행동이 과도한 자신감으로 보인다고 말하고 이를 수정할 방법을 제안한다. 이것은 코칭의 초점을 고객의 감정이 아닌 해결책에 두는 접근이다. 이는 신뢰를 약화시키는 최악의 답변이다.

3번. 고객이 불안감을 느낄 때 긍정적인 감정으로 바꾸는 대안을 찾도록 질문하고 있는데, 첫 세션에서 고객의 감정을 있는 그대로 충분히 인정하고 신뢰를 형성하는 노력이 결여되어 있다. 게다가 고객의 감정을 공감하지 않고 인위적으로 바꾸려고 시도하는 것은 적절하지 않다.

4번. 고객의 불안감을 다루기 위해 다음 세션을 계획하는데, 현재 세션에서 고객이 느끼는 감정을 충분히 다루지 않은 채 문제를 다음으로 미루는 접근으로는 신뢰 형성이 어려워질 수 있다.

(3) 최선의 답과 최악의 답변

최선의 답변: 1번

고객의 감정을 인정하고, 고객이 안전하게 자신의 감정을 솔직하게 느끼며 표현할 수 있게 함으로써 신뢰와 안전감 조성 역량을 잘 나타내고 있다.

최악의 답변: 2번

고객의 행동을 평가하고 수정하도록 유도하는 방식은 고객의 불안감을 더 악화시키고, 신뢰를 약화시킬 위험이 있다.

이 문제는 신뢰와 안전감 조성 역량을 중심으로, 고객의 취약한 감정을 다루는 과정에서 코칭 관계를 강화하는 방법을 평가한다. 최선의 답변은 고객의 감정을 인정하고 감정을 솔직하게 표현하도록 도움으로써 신뢰를 형성하는 것이 목표다. 코치는 어떤 고객이든지 안전하다고 느끼고, 자신의 감정을 자유롭게 탐구할 수 있는 신뢰할 수 있는 환경을 제공해야 한다.

모의문제 3

코칭 세션에서 고객은 직장에서 일어난 어려운 상황을 설명하고 있습니다. 고객은 직장에서 밀려오는 새로운 업무 때문에 큰 스트레스에 시달리고 있습니다. 이 고객은 자신의 동료들보다 과중하게 일하고 게다가 주말까지도 회사에 나와서 일해야 한다고 말합니다. 업무가 과다하여 너무 힘들지만 새롭게 찾은 직장이라서 일을 잘못하여 해고당할까 봐 두려워하고 있습니다. 힘들지만 그만둘 수는 없는 상황을 설명하며 울기 시작합니다. 코치는 어떻게 해야 할까요?

1. 상황을 완전히 이해했는지 확인하기 위해 고객이 공유한 내용을 요약합니다.
2. 이 문제는 감정적인 문제라는 것을 강조합니다.
3. 고용주는 열심히 일하는 사람을 좋아할 것이라고 말합니다.
4. 직장에서 가장 힘든 일은 무엇이며 불안을 주는 주요 요인은 무엇인지 물어봅니다.

(1) 문제 분석

이 시나리오는 신뢰와 안전감 조성과 관련이 있다. 이 상황에서 코치는 고객의 감정을 인정하고, 고객이 안전하게 자신의 이야기를 나눌 수 있도록 분위기를 조성해 줄 필요가 있다. 특히, 감정적으로 취약한 상태에 있는 고객에게 코치는 지지적이고 비판 없는 환경을 제공하며, 고객의 감정을 인정하고 스스로 탐색하고 표현하도록 도와야 한다.

(2) 답문 분석

1번. 적극적 경청을 보여주며, 고객이 공감받고 있다는 느낌을 갖게 하지만 요약만으로는 고객의 감정 상태에 대한 직접적인 공감을 충분히 다루지 못할 수 있다.

2번. 고객의 감정을 인정하고 있는 것처럼 보이지만 문제를 탐구하거나 해결하기 위한 구체적인 방향을 제시하지 않으며, 고객의 감정적 문제의 근본 원인에 대한 심층적 탐구가 부족하다.

3번. 고용주 입장의 이야기를 하고 있고, 고객의 감정에 대해서는 인정하거나 다루지 않고 있으므로 바람직하지 않다.

4번. 고객이 불안의 근본 원인을 탐구하도록 격려하며 자신을 성찰하도록 한다. 이 개방형 질문은 고객이 자신의 감정과 상황을 직접적으로 인식하고 자신을 표현할 수 있도록 돕고 있으므로 바람직하다.

(3) 최선의 답과 최악의 답변

최선의 답변: 4번

코치는 개방형 질문을 통해 고객이 자신의 감정과 통찰력을 더 많이 표현할 수 있도록 돕는다. 코치는 이렇게 하면서 고객에게 안전한 공간을 제공해 줌으로써 신뢰를 형성하고 있다.

최악의 답변: 3번

고객과 감정적 갈등과 문제에 대해서 이야기를 나누는데 이를 공감하지 않고 다른 사람의 의견을 강조하며 압박감을 주고 있다. 이렇게 하면 고객을 존중하지 않으며 신뢰를 잃게된다.

이 시나리오에서 코치는 고객이 감정적으로 불안할 때 그 감정을 인정하고 공감하는 것이 무엇보다도 중요함을 강조한다. 코치는 고객이 불안해하는 이유를 스스로 돌아보며 자신의 감정과 상황을 솔직하게 표현할 수 있도록 도와야 한다.

모의문제 4

고객은 자신에 대한 관심과 신념에 대해서 솔직하게 이야기하는 것을 부끄러워하고 거부합니다. 코치는 고객이 저항할 수 있지만, 그럼에도 고객이 자신의 취약성을 인정하고 표현하며 자기 신념을 검토하도록 도우려고 합니다. 코치는 어떻게 해야 할까요?

1. 내면의 평화를 유지한 덕분에 리더십을 잘 발휘하고 있는 리더의 예를 들어
   줍니다.
2. 자기 신념을 돌아볼 때 최악의 결과와 최선의 결과가 무엇인지 고객에게 물
   어봅니다.
3. 고객이 이전에 이러한 자기 신념을 다른 사람과 공유한 적이 있는지, 그렇
   다면 무슨 일이 있었는지 물어봅니다.
4. 고객의 저항을 인정하고, 고객이 어떻게 하면 자신에 대해 더 많이 알 수
   있는지 물어봅니다.

(1) 문제 분석

이 문제는 고객의 저항과 부끄러움을 인정하고, 고객이 자신감을 가지고 안전하게 탐구할 수 있는 환경을 조성하는 데 초점을 두고 있다. 고객은 코치에게 비난받을 염려가 없고 안전하다고 느껴야 코치를 신뢰하고 자신감 있게 자신의 신념과 감정을 솔직하게 나눌 수 있다. 코치는 고객의 감정을 존중하며, 고객이 자신의 취약함을 표현할 수 있도록 신뢰와 안전감을 느끼는 공간을 만들어주어야 한다.

(2) 답문 분석

1번. 고객에게 외부의 다른 사람의 사례를 이야기함으로써 고객의 상황을 수용하지 않고, 코치 중심적으로 접근하여 신뢰와 안전감을 약화시킬 수 있다.

2번. 자기 신념을 검토함에 따른 최악의 결과와 최선의 결과가 무엇인지

고객에게 물어봄으로써 통찰을 유도하지만, 고객의 저항을 충분히 수용하지 못할 위험이 있어서 신뢰와 안전감을 형성하지 못한다.

3번. 과거 경험에 초점을 맞추는 접근으로써, 고객의 현재 감정을 충분히 다루지 못할 위험이 있으며, 고객에게 부정적인 감정을 불러일으킬 수 있다.

4번. 고객의 저항을 인정하고, 고객이 어떻게 하면 자신에 대해 더 많이 알 수 있는지 물어봄으로써 고객이 편안하게 자신을 표현하도록 돕는다. 코치는 고객의 저항을 수용하며 고객 스스로 탐구하도록 하고 있으며, 이는 고객의 감정을 존중하고 신뢰를 형성한다.

(3) 최선의 답과 최악의 답변

최선의 답변: 4번

고객의 저항을 수용하며, 고객이 신뢰와 안전감을 느끼고 편안하게 자신의 상황을 표현하도록 지원하고 있다.

최악의 답변: 1번

고객의 현재 상황에 맞지 않는 리더십의 사례를 제시하는 것은 고객의 상황과 감정을 존중하지 않는다고 느끼게 하여 신뢰를 약화시킨다.

이 문제는 신뢰와 안전감 조성 역량에 해당된다. 고객이 자신의 신념과 감정에 대해 부끄러움과 저항을 느끼고 있는 상태다. 이럴 때 코치는 고객의 감정을 강제로 탐구하려 하지 말고, 고객이 감정을 있는 그대로 수용하며, 편안하게 자신을 표현하도록 안전한 환경을 제공해야 한다.

3부 실전 코칭 노하우와 마스터 코치의 길

2장

코칭 실력을
레벨업하는 방법

1

코치의 말이 조언처럼 들려요

④ 프레즌스

1) 프레즌스 유지의 의미

'프레즌스 유지(Maintains Presence)'는 코칭 세션에서 코치가 현재 순간에 온전히 집중하며 고객과의 관계에 몰입하는 것을 의미한다. 코치는 자신의 판단이나 과거 경험에 휘둘리지 않고 오로지 고객에게 집중하여 효과적인 코칭을 제공해야 한다. 프레즌스를 유지하면 고객의 말을 깊이 경청하고, 고객이 진정으로 원하는 것을 파악할 수 있다. 고객의 감정에 공감함으로써 고객이 자신을 있는 그대로 받아들여지고 있다고 느끼게 한다. 프레즌스를 유지하면 고객의 생각을 자극하고, 깊이 있는 통찰을 얻을 수 있도록 효과적인 질문을 던질 수 있다. 이 과정을 통해 고객은 코치가 자신에게 온전히 집중하고 있다는 것을 느끼며 코치에 대한 신뢰를 강화한다.

프레즌스를 유지하려면 코치는 세션 중 발생할 수 있는 불확실성, 변화, 예측 불가능성에 익숙해져야 한다. 코치는 존재감을 유지함으로써 대화의 흐름에 관계없이 그 순간에 고객에게 온전히 집중하고 고객을 진정으로 돕고 있다는 것을 보여줄 필요가 있다.

2) 프레즌스의 구성 요소

프레즌스를 유지한다는 것은 코치가 개방적이고 유연하며 자신감 있는 태도로 고객과 함께하는 것을 의미한다. 이는 코칭 세션에서 순간순간 깨어 있으며 고객과 깊이 연결되는 능력을 포함한다. 프레즌스는 단순히 신뢰를 쌓는 것을 넘어 고객에게 집중하고, 공감하고, 이를 기반으로 반응하는 역량이다. 코칭의 흐름 속에서 프레즌스를 유지한다는 것은 고객에게 온전히 집중하고 그들과 함께하는 모든 순간에 생생히 존재한다는 것을 의미한다. 이는 코칭 대화의 질을 높이고, 고객에게 더 큰 신뢰와 안전감을 제공한다.

(1) 고객에게 온전히 집중하기

프레즌스를 유지하기 위한 첫 단계는 고객에게 온전히 집중하는 것이다. 고객의 말뿐만 아니라 그들의 에너지, 비언어적 표현까지 관찰하며, 이를 바탕으로 적절하게 반응하는 것이 핵심이다. 이를 위해서는 고객의 말 이면에 있는 감정과 숨겨진 의도를 포착하려는 코치의 노력이 필요하다. 예를 들어, 고객이 "최근에 많이 피곤했어요."라고 말했을 때, 단순히 피곤함을 넘어서 그 피곤함의 원인과 고객이 느끼는 감정을 읽어내야 한다.

코치의 집중은 고객에게 중요한 신호를 보낸다. "나는 지금 당신에게 100% 집중하고 있다."라는 메시지는 고객에게 강한 신뢰감을 준다. 이를 통해 고객은 자신이 코칭 세션의 중심에 있음을 느끼고 더 자유롭게 자신을 표현할 수 있다.

시험 적용 포인트

시험에서는 코치가 고객의 말과 행동에 집중하고 이를 바탕으로 적절히 반응하는 능력을 평가한다.

(2) 호기심을 유지하며 질문하기

코칭 세션에서 호기심은 고객의 탐구와 성찰을 유도하는 중요한 도구다. 코치는 고객의 말에 관심을 가지며, 그들의 경험과 관점을 더욱 깊이 탐구할 수 있도록 열린 질문을 던진다. 예를 들어, "이 상황에서 어떤 감정을 느끼셨나요?" 혹은 "그 결정을 내리게 된 이유는 무엇인가요?"와 같은 질문은 고객이 자신을 더 깊이 이해하도록 돕는다.

호기심은 단순히 대화를 이어가기 위한 것이 아니라, 고객이 자신을 더 잘 이해하고 문제를 해결할 수 있도록 돕는 데 중점을 둔다. 고객은 코치가 자신의 이야기에 진심으로 관심을 기울일 때 더 깊은 신뢰를 형성하게 된다.

시험 적용 포인트

시험에서는 코치가 호기심을 통해 고객의 이야기를 더 깊이 탐구하도록 돕는 능력을 평가할 수 있다. 주어진 상황에서 고객의 말에 호기심을 가지고 추가 질문을 통해 대화를 발전시키는 능력이 요구될 수 있다. 코치가 단순히 표면적인 정보를 듣는 것이 아니라, 그 너머의 이야기를 탐구하는 과정을 묘사하는 문제에 대비해야 한다.

(3) 감정을 관리하며 현존하기

코치는 자신의 감정을 관리하고 조절하며 고객과의 대화에 온전히 몰입해야 한다. 이는 고객의 강한 감정 상태를 다룰 때 특히 중요하다. 예를 들어, 고객이 갑작스럽게 눈물을 흘리며 슬픔을 표현할 때, 격하게 화를 내거나 무례한 언행을 할 때, 코치는 당황하거나 회피하지 않고 이를 있는 그대로 받아들여야 한다. 이 과정에서 차분한 태도를 유지하며 고객의 감정을 탐구하고 그 순간에 머물 수 있어야 한다.

코치의 감정 관리를 통해 코치 자신의 내적 상태를 조절하는 능력도 평가한다. 코칭 중 코치가 자신의 감정을 적절히 다스리지 못하면, 고객과의 연결이 약해지고 세션의 효과가 떨어질 수 있다. 이처럼 코치의 감정 관리는 프레즌스 유지의 핵심 요소다.

시험 적용 포인트

시험에서는 코치가 고객의 격한 감정을 다루는 과정에서 자신감과 차분함을 유지하는 능력을 평가할 수 있다. 고객의 감정 상태를 인정하고 이를 안전하게 다루며 대화를 이어가는 능력이 중요한 평가 항목이 될 수 있다. 예를 들어, 고객이 분노나 슬픔을 표현했을 때 코치가 평정심을 가지고 편안하게 반응하며 흔들림 없이 고객에게 집중하는지를 묻는 문제가 출제될 수 있다.

(4) 침묵과 성찰의 공간 만들기

침묵은 코칭에서 강력한 도구다. 코치는 침묵을 두려워하지 않고 고객이 스스로 생각하고 성찰할 수 있는 공간을 허용해야 한다. 예를 들어, 고객이 깊이 고민하며 잠시 말을 멈췄을 때, 코치가 그 침묵을 자연스럽게 받아들이고 그 순간을 충분히 허용하는 것은 고객에게 큰 가치를 제공한다.

또한, 코치는 멈춤과 성찰의 순간을 적절히 활용하여 고객이 자신의 감정과 생각을 정리하고 새로운 통찰을 얻도록 지원할 수 있어야 한다. 이는 코칭 세션의 깊이를 더하는 중요한 기술이다. 침묵은 단순히 대화의 중단이 아니라, 고객이 자신을 돌아보고 내면의 답을 찾는 시간을 제공하는 기술이다.

시험 적용 포인트

시험에서는 코치가 침묵과 성찰의 순간을 효과적으로 활용하는 능력을 평가할 수 있다. 고객이 충분히 생각할 시간을 주고, 그들의 자각과 통찰을 지원하는 방식으로 대화를 이끄는 능력이 중요한 평가 기준이 될 수 있다. 고객의 침묵을 깨지 않고 그 순간을 활용하여 성찰을 불러일으키는 방식에 대해 묻는 문제가 출제될 수 있다.

핵심 키워드

현재에 집중 | 자신감 | 자기 인식
감정 조절 | 공감 | 몰입

3) 프레즌스 모의 문제풀이

모의문제 1

한 관리자가 첫 번째 세션에서 코치를 만났습니다. 고객은 "직장에서 성장하고 기술을 개발하고 싶다."라고 코칭 목표를 말합니다. 그러나 고객은 코치가 이해하기 어려운 전문적인 용어를 사용합니다. 코치는 이 말들을 이해하기 힘들어서 코칭 과정에 방해가 될까 봐 걱정이 됩니다. 코치는 어떻게 해야 할까요?

1. 고객에게 전문용어를 이해할 수 있는 관련 자료를 달라고 요청합니다.
2. 고객에게 더 알기 쉬운 말로 해달라고 요청하며, 코치가 그런 관련 전문 지식이 없음을 밝힙니다.
3. 고객의 말을 이해하기 어렵다고 솔직하게 말하고, 모르는 말이 나올 때는 멈추어서 물어볼 수 있는데 그런 것이 고객에게 방해가 되는지 확인합니다.
4. 고객에게 더 일반적인 용어로 목표를 설명해달라고 요청합니다.

(1) 문제 분석

이 문제는 ICF 코칭 핵심역량 중 하나인 '프레즌스 유지' 역량 중에서 '코치가 알지 못하는 영역을 코칭할 때도 편안하게 임한다.'는 세부 역량에 해당된다. 코치는 고객의 전문 분야에 대한 지식에 격차가 있고, 고객이 사용하는 용어를 잘 이해하지 못하더라도 당황하지 않고 모르는 영역을 자연스럽게 다루며 프레즌스를 유지해야 한다.

(2) 답문 분석

1번. 코치의 학습 의지를 보여주고 협력을 요청하는 적극적인 태도를 보인다. 그러나 이러한 접근은 고객에게 부담을 줄 수 있으며, 즉각적인 세션 진행이 어려워질 수 있다.

2번. 고객에게 일반적인 말을 사용해달라고 요청하는 것은 고객의 전문성과 자율성을 존중하지 않는다는 인상을 주기 때문에 최악의 답이다.

3번. 코치가 고객이 사용하는 용어를 이해하기 어렵다는 점을 솔직하게 말하고, 이해하는데 어려움이 있을 때 질문할 수 있도록 양해를 구하고 있다. 이 접근은 코치가 자신감을 유지하면서도 고객의 말의 의미를 물어봐도 되는지 양해를 구하며 존중하는 태도를 보인다.

4번. 세션의 효율성을 높이고 협력을 요청한다. 그러나 고객의 전문성을 제한할 위험이 있으며, 고객이 자신의 생각을 충분히 표현하지 못할 가능성이 있다.

(3) 최선의 답과 최악의 답변

최선의 답변: 3번

코치는 고객이 사용하는 용어를 이해하기 어렵다는 것을 솔직하게 말하고, 이해하는데 어려움이 있을 때 물어볼 수 있다고 양해를 구하며 자신감을 보이고 있으므로 최선의 답이다.

최악의 답변: 2번

고객에게 일반적인 말을 사용해달라고 요청하는 것은 고객의 전문성을 존중하지 않는다는 인상을 주기 때문에 지양해야 한다.

이 문제는 ICF 코칭 핵심역량 중 '프레즌스 유지' 역량에 관한 것이다. 코치는 고객의 전문 분야에 대한 지식에 격차가 있고, 고객이 사용하는 용어를 잘 이해하지 못한다 할지라도, 코칭하는 데 큰 지장이 없다면 당황할 필요 없이 자연스럽게 코칭을 해 나가며 신뢰를 유지해야 한다.

모의문제 2

코치는 고객과 몇 년 동안 함께 일해왔습니다. 고객은 많은 어려운 문제를 안고 있는데 시간은 너무 없다고 걱정하는 표정으로 이야기합니다. 코치가 시간이 왜 그렇게 부족하냐고 묻자 고객은 고개를 숙이고 바닥만 바라보며, 말이 없습니다. 코치는 고객이 불편해한다는 것을 감지합니다. 코치는 어떻게 해야 할까요?

1. 코치는 자신이 다른 의도가 있었던 것이 아니라 고객의 이해를 돕기 위해 질문한 것임을 설명합니다.
2. 이 질문이 어떻게 고객의 이런 신체적 반응을 이끌어냈는지 계속 주의를 기울입니다.
3. 조용히 자신만의 시간을 가지고 전문분야를 더욱 연구하는 것이 도움이 될 수 있는지 물어봅니다.
4. 고객에게 응답할 시간을 주되, 약 15초 후에도 아무 말도 하지 않으면 후속

질문을 합니다.

(1) 문제 분석

이 문제는 고객이 질문에 반응하지 않고 고개를 숙이며 불편함을 보이는 상황에서, 코치가 이를 민감하게 인식하고 적절히 반응해야 하는 상황을 다룬다. 코치는 고객의 비언어적 신호를 감지하고, 고객의 현재 감정 상태를 존중하며 현재에 머물러 함께 하는 태도를 취해야 한다.

(2) 답문 분석

1번. 코치가 자신의 입장을 설명하는 코치 중심의 방식이다. 고객의 감정을 충분히 수용하거나 탐구하지 못하며, 고객의 불편함을 해결하기보다 대화를 코치의 관점으로 이끌 위험이 있다.

2번. 어떻게 고객의 이런 신체적 반응을 이끌어냈는지 계속 주의를 기울이는 것으로, 고객의 비언어적 신호를 민감하게 인식하며, 고객의 상태를 존중하며 현재 순간에 머물러주는 프레즌스를 보여준다.

3번. 코치의 의견을 제시하며 코치 중심으로 대화를 이끌어 감으로써 고객의 불편함을 해결하거나 지원하지 못한다.

4번. 고객에게 시간을 제공하는 것은 긍정적이지만, 불편함을 느끼는 고객에게 강제로 후속 질문을 이어가는 것은 고객에게 부담을 줄 수 있다. 이는 고객의 상태에 민감하게 반응하지 못한 방식이다.

(3) 최선의 답과 최악의 답변

최선의 답변: 2번

고객의 비언어적 신호를 민감하게 인식하고, 고객의 상태를 관찰하며 현재 순간에 머물며 고객을 지원하는 바람직한 프레즌스 태도다.

최악의 답변: 1번

질문의 의도를 설명하는 것은 고객의 불편함을 무시하고 코치의 입장을 대변하려고 하며 대화를 코치 중심으로 이끄는 방식으로 부적절하다.

프레즌스는 고객의 비언어적 신호를 민감하게 인식하고, 고객에게 집중하고 관찰하며, 고객의 불편한 상황, 불안정한 감정 상태에 휘말리지 않고 평정함을 유지하고 자신감을 나타내는 능력을 강조한다.

모의문제 3

코칭 고객인 기업 리더는 세션 중에 불쾌하게 하는 저속한 언어를 자주 사용합니다. 코치는 고객에게 그러한 언어를 자제하도록 요청합니다. 그러나 고객은 무례한 의도가 없었다고 말하며, 자신의 말투는 오래된 습관이니 신경 쓰지 말라고 말합니다. 고객이 다시 저속한 언어를 사용하자 코치는 모욕감으로 화가 납니다. 코치는 어떻게 해야 할까요?

1. 고객의 언어 선택은 다른 사람의 기분을 상하게 하기 위한 의도가 없음을 기억합니다.

2. 코치의 기분을 보호하기 위해 고객에게 세션을 종료해도 될지 물어봅니다.

3. 코치는 기분이 나쁘다는 것을 인식하고 곧 감정을 조절한 후 리더의 코칭 목표에 집중합니다.

4. 코치는 이 리더와의 관계를 유지하고 싶어서 부정적인 반응을 하지 않고 참습니다.

(1) 문제 분석

고객의 저속한 언어 사용이 코치에게 감정적으로 영향을 미쳤고, 코치는 이 상황에서 자신의 감정을 관리하며 대화에 몰입해야 하는 상황이다. 프레즌스 역량은 코치가 현재 순간에 몰입하고, 자신의 감정을 인식하고 조절하며 코칭 목표에 집중하는 능력이 필요하다.

(2) 답문 분석

1번. 고객이 다른 사람의 기분을 상하게 하기 위한 의도가 없음을 기억하는 것만으로는 자신의 감정을 조절하는 것에 대한 언급이 없다.

2번. 고객과의 세션을 종료하며 강한 감정적 반응을 다루지 않고 대화를 단절하는 방식으로, 프레즌스의 본질(감정 조절 및 몰입)을 훼손한다.

3번. 코치는 기분이 나쁘다는 것을 인식하고 곧 감정을 조절한 후 리더의 코칭 목표에 집중하는 코치의 프레즌스를 잘 나타내고 있다.

4번. 코치가 자신의 부정적인 기분을 억지로 참는 것은 코칭 관계에 부정적인 영향을 미칠 가능성이 있다.

(3) 최선의 답과 최악의 답변

최선의 답변: 3번

코치가 감정을 조절하고, 고객의 행동으로 인한 감정적 영향을 스스로 다스리며, 현재 순간에 몰입하여 고객의 목표를 중심으로 대화를 이어가는 태도를 보여주는 최선의 답이다.

최악의 답변: 4번

코치가 자신의 감정을 무시하고 관계를 이어가려는 방식은 프레즌스 역량에서 요구되는 감정 인식과 처리를 완전히 배제하는 것이다.

이 문제는 코치가 고객의 행동으로 인해 강한 감정적 반응을 느꼈을 때, 이를 인식하고 적절히 조절하며 대화의 몰입도를 유지하는 것의 중요성을 평가한다.

모의문제 4

고객은 이전 세션에서 말했던 같은 이야기를 하며 울기 시작합니다. 고객은 현재 하는 일을 그만두고 싶기는 하지만, 새로운 일을 시작하는 것에 대해서 큰 불안을 느끼고 있습니다. 고객은 현재 많이 불안해하고 있는데, 코치는 고객이 불안 상태에서 벗어나도록 어떻게 하면 좋을까요?

1. 지금 몸에서 느껴지는 감정이 무엇인지 설명하도록 고객에게 요청합니다.
2. 불안하고 힘든 상황을 빨리 조절하도록 요청합니다.
3. 마지막 세션 이후에 삶에 무슨 일이 일어났는지 설명해달라고 요청합니다.

4. 코치가 경험했던 불안한 상황을 설명하고 그것을 어떻게 극복했는지 설명합니다.

(1) 문제 분석

이 시나리오는 ICF 코칭 핵심역량인 '프레즌스 유지'와 '의식 확장'과 관련이 있다. 이 상황은 불안한 감정을 경험하는 고객에 대해 설명한다. 코치는 이런 상황에서는 고객이 자신의 감정을 돌아보고 조절하도록 도와줌으로써 자신의 목표를 향해 전진하도록 지원해야 한다. 여기서 핵심은 해결책을 강요하거나 너무 빨리 문제 해결로 대화를 유도하지 않는 것이다.

(2) 답문 분석

1번. 고객이 신체적 감정에 주의를 기울여 불안감에서 벗어나도록 할 수 있다. 이 접근법은 고객이 감정을 잘 관리하고 자신의 목표에 더 집중할 수 있는 공간을 제공한다. 고객이 현재 순간에 집중하도록 돕고, 감정과 생각을 차분하게 탐구할 수 있는 토대를 마련해준다. 또한, 고객의 감정을 무시하지 않고, 오히려 스스로 감정을 탐색하고 관리하도록 지원하는 바람직한 태도다.

2번. 고객에게 스트레스 문제를 빨리 처리하도록 하고 있다. 고객이 감정에 쌓여 있을 때 성급하게 문제 해결로 가는 것은 무리다. 고객은 아직 해결책을 고려할 준비가 되어 있지 않을 수 있다. 이는 고객의 즉각적인 감정 상태를 우회할 위험이 있어 이상적인 접근 방식이 아니다.

3번. 고객의 감정 상태를 직접적으로 다루지는 않기 때문에 올바른 답이 아니다. 이 접근법은 고객이 감정을 처리할 수단을 제공하지 않아, 고객이 안정감을 찾지 못하게 한다.

4번. 코치가 도전적인 경험을 극복한 개인적인 이야기를 공유하는 것으로 위로가 될 수는 있지만, 초점을 고객의 현재 경험에서 코치의 이야기로 옮기기 때문에 적절치 않다. 이는 고객의 감정에 공감하지 못하고, 고객의 경험이 아닌 코치의 경험에 집중시키면서 고객이 자신의 감정을 다른 사람과 비교당하는 것처럼 느끼게 하여 신뢰와 안전감을 훼손하므로 지양해야 한다.

(3) 최선의 답과 최악의 답변

최선의 답변: 1번

고객이 현재 순간에 집중하여 자신의 감정과 생각을 차분하게 탐구할 수 있는 토대를 마련해주며, 고객의 감정을 무시하지 않고 오히려 스스로 감정을 수용하고 관리하도록 지원한다.

최악의 답변: 4번

코치가 고객의 감정에 공감하지 못하고, 코치의 경험을 주입시키면서 고객이 자신의 감정을 다른 사람과 비교당하는 것처럼 느끼게 하여 신뢰와 안전감을 훼손하고 있다.

이 시나리오는 불안정한 감정 상태에 있는 고객에게 존재감을 유지하고 의식을 확장하도록 돕는 것의 중요성을 강조한다. 가장 효과적인 코칭 접근 방식은 가능한 행동이나 해결책을 모색하기 전에 고객이 자신의 감정과 상태를 잘 탐색하고 인식하도록 하는 것이다.

2

대화가 너무 표면적이에요
⑤ 적극적 경청

1) 적극적 경청의 의미

'적극적 경청(Listens Actively)'은 단순히 고객의 말을 듣는 것을 넘어, 고객의 의도를 정확하게 파악하고 공감하며, 필요한 경우 질문을 통해 대화를 이끌어가는 것을 의미한다. 코치는 고객의 말에 집중하고, 비언어적 신호를 파악하며, 고객의 관점에서 상황을 이해하려고 노력해야 한다.

적극적 경청을 통해 고객은 자신이 진정으로 이해 받고 있다고 느끼며, 코치에 대한 신뢰를 더욱 강화한다. 고객의 숨겨진 생각과 감정을 끌어내어 더욱 깊이 있는 대화를 나눌 수 있다. 고객이 문제를 명확하게 인식하고 해결 방안을 찾을 수 있도록 지원하며, 고객은 자신이 존중받고 있다는 느낌을 통해 자존감이 향상된다.

적극적 경청을 방해하는 요소는 주변 소음, 개인적인 문제 등 외부적인 요인이나 내적인 요인으로 인해 집중력이 떨어지는 경우다. 또한, 고객의 말을 다 듣기 전에 성급한 결론을 내리는 경우도 포함된다. 자신의 경험을 바탕으로 고객의 상황을 판단하거나, 고객에게 해결책을 제시하거나 충고를 하는 경우도 경청을 방해하는 요소에 해당한다.

2) 적극적 경청의 구성 요소

적극적 경청은 코칭의 기본 역량이며, 고객의 감정과 비언어 표현, 내면적인 상태까지도 깊이 관찰하여 고객이 진정으로 원하는 것이 무엇인지, 목표나 말 뒤에 숨어있는 진짜 의도가 무엇인지 파악하려는 노력이 필요하다. 또한 고객의 미묘하고 세밀한 변화까지도 알아차릴 뿐 아니라 큰 맥락을 이해하며 직관과 통찰력을 키우는 것이 중요하다.

(1) 비언어적 신호 관찰하고 반응하기

비언어적 신호를 관찰하고 반응하는 성공 지표는 고객이 자신의 감정과 상태를 코치가 제대로 이해하고 있다는 느낌을 받는 것이다. 예를 들어, 고객이 세션 중에 표정이 어두워지고 손을 꽉 쥔다면, 코치가 이를 인지하고 "지금 약간 긴장되거나 불안한 느낌이 있으신 것 같아요. 맞나요?"라고 반응한다면, 고객은 자신의 상태를 인정받았다고 느낄 것이다.

코칭 중 코치는 고객의 표정, 자세, 제스처, 목소리 톤 등 비언어적 신호를 주의 깊게 관찰해야 한다. 이러한 신호는 고객의 말로 표현되지 않은 감정이나 생각을 드러낼 수 있다. 코치는 비언어적 신호를 관찰한 뒤 이를 말로 확인하거나 적절한 질문을 통해 고객의 상태를 탐구해야 한다. 예를 들어 "지금 약간 생각이 많아 보이세요. 어떤 점이 가장 마음에 걸리시나요?"

와 같은 방식으로 대화를 이끌 수 있다.

시험 적용 포인트

시험에서는 코치가 고객의 비언어적 신호를 어떻게 관찰하고 적절히 반응하는지를 평가하는 문제가 출제될 수 있다. 주어진 시나리오에서 고객의 비언어적 신호를 인식하고, 이에 대해 질문하거나 확인하는지를 묻는 문제가 포함될 수 있다.

(2) 요약 및 반영하기

요약 및 반영의 성공 지표는 고객이 자신의 말을 코치가 정확히 이해하고 반영했다고 느끼는 것이다. 예를 들어, 고객이 "코치님이 제 말을 정확히 이해하셨네요. 제가 설명하려던 것이 바로 그거였어요."라고 말한다면, 성공적으로 요약하고 반영한 것이다.

코칭 중 코치는 고객의 말을 간결히 요약한 뒤 이를 고객에게 확인해야 한다. 코치는 "제가 들은 내용은 이렇습니다. 맞습니까?"라는 질문을 통해 확인할 수 있으며, 이 과정을 통해 고객의 감정과 생각을 더 명확히 파악할 수 있다.

시험 적용 포인트

시험에서는 고객의 말을 적절히 요약하고 반영하는 코치의 기술을 평가하는 문제가 출제될 수 있다. 또한, 주어진 시나리오에서 코치가 고객의 발언을 어떻게 요약하고 정확성을 확인하는지를 평가하는 문제가 출제될 수 있다.

(3) 질문하기

질문의 성공 지표는 고객이 코치의 질문을 통해 자신의 생각을 더 깊이 탐색하고 새로운 통찰을 얻는 것이다. 고객이 "그 질문을 통해 제가 몰랐던 부분을 알게 되었습니다."라고 말한다면, 성공적으로 질문한 것이다.

코치는 고객의 상황에 맞는 질문을 던져 고객의 생각과 감정을 탐구해야 한다. 예를 들어, "이 상황에서 당신에게 가장 중요한 것은 무엇인가요?"와 같은 질문을 통해 고객이 스스로 답을 찾도록 돕는다.

시험 적용 포인트

시험에서는 질문의 유형과 시기를 다루는 문제가 출제될 수 있다. 특정 시나리오에서 코치가 던져야 할 적절한 질문을 선택하거나, 질문이 고객에게 미친 영향을 평가하는 문제가 포함될 수 있다.

(4) 공감하기

공감의 성공 지표는 고객이 코치가 자신의 감정에 진정으로 공감하고 있다는 것을 느끼는지 여부다. 고객이 "코치님은 제가 어떻게 느끼는지 정말 잘 이해하고 계신 것 같아요."라고 말한다면, 공감이 성공적으로 이루어진 것이다.

코치는 고객의 말뿐 아니라 감정에도 집중해야 하며, 고객의 감정을 인정하고 반영하는 태도를 보여야 한다. 예를 들어, "지금 이 상황이 많이 당황스러운 것 같네요."라고 말하면서 고객의 감정을 인정할 수 있다.

시험에서는 시나리오에서 고객의 감정을 어떻게 파악하고, 이를 적절히 표현하는지를 묻는 문제가 출제될 수 있다.

(5) 판단을 유보하기

판단 유보의 성공 지표는 고객이 코치에게 비판받거나 평가받고 있다는 느낌 없이 자신의 이야기를 편안하게 할 수 있는지 여부다. 고객이 "제 이 야기를 있는 그대로 들어주셔서 감사합니다."라고 말한다면, 코치가 판단 없이 있는 그대로 들어주는 것이 성공적으로 이루어진 것이다.

코치는 고객의 이야기를 듣는 동안 자신의 판단이나 생각을 바로 드러내지 않아야 하며, 마음을 비우고 고객의 말에만 온전히 집중해야 한다.

시험 적용 포인트

시험에서는 코치가 판단을 유보하는 기술을 평가할 수 있다. 시나리오에서 고객의 말을 듣고 바로 평가하는 것이 아니라 유보하는 태도를 취하는 방법에 대한 문제가 출제될 수 있다.

핵심 키워드

| 비언어적 신호 | 요약 | 반영 | 감정 변화 | 에너지 변화 |
| 질문 | 공감 | 판단 유보 | 알아차림 | 자기 인식 |

3) 적극적 경청 모의 문제풀이

모의문제 1

고객은 몇 차례의 코칭 세션에 참여하고 있지만 약속을 지속적으로 이행하지 못하고 있습니다. 현재 세션이 끝날 무렵, 코치는 고객이 세션 중에 동의한 행동을 완료하지 않았다는 것을 관찰합니다. 코치는 고객에게 언제까지 하기로 동의했는지 다시 말해 달라고 요청합니다. 고객이 행동 계획을 다시 말한 후, 이행하기로 동의할 때 불편함을 느끼는 듯합니다. 코치는 이러한 바디 랭귀지를 알아차립니다. 코치는 어떻게 해야 할까요?

1. 고객의 신체 언어를 인식하고, 그 목표를 달성할 수 있다는 자신감을 표현합니다.
2. 고객의 행동 계획을 수행하려는 의지를 약화시키지 않기 위해 고객의 신체 언어를 언급하지 않습니다.
3. 고객에게 이 행동 계획을 달성할 가능성에 대해 어떻게 생각하는지 물어봅니다.
4. 고객에게 바디 랭귀지가 감지되었다고 말하고, 그것이 무엇을 전달하려고 하는지 물어봅니다.

(1) 문제 분석

이 시나리오는 ICF 코칭 핵심역량 중 '적극적 경청' 역량에 관한 것이다. 코치가 고객이 말하는 것뿐만 아니라 신체 언어와 같은 비언어적 신호에 어떻게 주의를 기울이며 이것의 의미를 파악하고 고객이 스스로 성찰하도록 돕는 것을 평가한다.

(2) 답문 분석

1번. 코치가 고객의 불편함을 인식하고 있음을 보여주지만, 고객의 감정이나 사고방식에 대해 가정을 한다. 고객은 실제로 목표를 달성하는 데 자신감이 없을 수 있으며, 자신감을 표현하는 것은 불필요한 압박감을 줄 수 있다.

2번. 회피 반응이다. 고객의 바디 랭귀지는 중요한 정보를 담고 있을 수 있으며, 이를 무시하면 코칭 세션의 효과가 약해질 수 있다. 불편함의 근본 원인이 해결되지 않으면 고객은 행동 계획을 따르는 데 더 큰 어려움을 겪을 수 있기 때문에 최악의 답변이다.

3번. 고객의 행동 계획에 대한 가능성을 묻는 것은 고객의 감정을 간접적으로 탐구하려는 접근이다. 이는 신체 언어를 직접 언급하지 않으면서도 고객의 메시지를 명확히 하는 데 도움을 줄 수 있다.

4번. 고객의 신체 언어를 직접적으로 언급하며, 이를 통해 고객이 느끼는 감정이나 생각을 명확히 하려는 접근이다. 이는 고객의 메시지를 깊이 이해하고, 고객의 감정을 탐구하며 적극적 경청의 핵심역량을 잘 나타내고 있다.

(3) 최선의 답과 최악의 답변

최선의 답변: 4번

고객의 신체 언어를 알아차리고 이것을 고객에게 확인하며, 이를 통해 고객이 느끼는 감정이나 생각을 명확히 하려는 접근이다. 이는 고객의 메시지를 깊이 이해하고, 고객의 감정을 탐구하는 적극적 경청의 핵심역량을 잘 나타내고 있다.

최악의 답변: 2번

고객의 바디 랭귀지는 중요한 정보를 담고 있는데 이를 무시하면 코칭 세션의 효과가 약해질 수 있다.

이 시나리오는 코치가 고객의 비언어적 신호를 민감하게 인식하고, 이를 바탕으로 고객이 스스로 자신을 탐구하도록 돕는 것이 얼마나 중요한지를 강조한다. 코치는 고객의 신체 언어를 민감하게 알아차리고, 강력한 질문을 통해 고객이 자신의 감정을 더욱 깊이 이해할 수 있도록 지원해야 한다.

모의문제 2

코칭 세션 중에 고객은 사람들에게 피드백하는 것이 힘들다고 말합니다. 이 말을 듣고 코치는 고객의 상황에 맞을 것 같은 피드백 모델을 고객의 동의를 얻어서 공유했습니다. 그러나 코치는 고객의 에너지에 미묘한 변화가 있음을 알아차립니다. 고객은 휴대전화를 쳐다보고, 코칭에 집중하지 않는 것처럼 보입니다. 코치는 어떻게 해야 할까요?

1. 고객에게 방금 공유한 내용을 숙고할 시간을 주기 위해 잠시 멈춥니다. 고객이 코칭에 집중하지 않는 것에 대해 실망하지 않으려고 합니다.

2. 피드백 기술을 향상시키는 목적을 고객과 재확인하고, 고객의 학습을 촉진하기 위해 피드백 모델을 지속적으로 공유합니다.

3. 고객의 에너지 변화를 인정하고, 피드백 모델에 대한 논의가 고객의 요구를 충족시키고 있는지 물어봅니다.

4. 코치는 고객의 현재 상태와 감정을 정확하게 평가하고, 이에 따라 코칭 접근 방식을 조정합니다.

(1) 문제 분석

이 시나리오는 '적극적 경청' 역량을 묻는 것이다. 코치는 고객이 말하는 것뿐만 아니라 신체 언어와 같은 비언어적 표현에도 주의를 기울여야 한다. 이 변화와 신호가 무엇을 의미하는지 파악하기 위해 고객에게 적합한 개방형 질문을 하는 것이 효과적이다.

(2) 답문 분석

1번. 코치가 자신의 감정적 반응(실망)을 인식하고 전문적으로 관리하는 능력을 보여준다. 코치는 잠시 멈춤으로써 고객에게 압력을 가하지 않고 정보를 처리할 시간을 주지만, 이 방식만으로는 고객이 집중하지 못하는 이유에 대해서 알 수가 없다.

2번. 모델을 계속 공유하고 고객의 초기 목표를 다시 강조하는 데 중점을 두면서, 고객의 에너지와 참여의 변화를 무시한다. 고객의 무관심을 간과하여 세션을 진행하면 좋은 결과를 만들어 내기 힘들다.

3번. 코치가 고객의 에너지 변화를 인식함으로써 적극적인 경청과 주의를 기울이는 것을 보여주기 때문에 매우 효과적이다. 코치는 언어적, 비언어적 단서를 모두 알아차리고, 피드백 모델 토론이 도움이 되는지 고객에게 직접 묻는다. 이를 통해 고객은 우려 사항이나 선호 사항을 공유할 수 있는 문을 열게 된다. 이것은 고객에게 권한을 부여하고 고객 중심의 대화를 가능하게 하므로 최선의 답변이다.

4번. 코치가 고객의 감정 상태에 따라 접근 방식을 조정해야 한다고 제안하지만, 어떻게 조정해야 하는지에 대한 명확한 실행 가능한 단계가 부족하다. 접근 방식을 수정하는 방법에 대한 구체적인 지침이 없다면 코치의 판단과 직감에 의존하게 된다.

(3) 최선의 답과 최악의 답변

최선의 답변: 3번

코치가 코칭 중에 고객의 에너지 변화를 인식하고 고객이 무엇에 관심이 있는지를 살피는 것은 중요하다. 코치는 언어적, 비언어적 변화를 모두 알아차리고, 그 변화가 무엇을 의미하는지 탐색하며, 고객이 진정으로 원하는 것이 무엇인지 이해하는 노력이 필요하다.

최악의 답변: 2번

고객에게 에너지 변화가 일어나고 있는데도 이를 무시하고 일방적으로 진행하는 것은 고객에게 코칭에 대한 부담과 무관심을 불러 일으킬 수 있다. 이렇게 되면 세션에서 좋은 결과를 만들어 내기 힘들다.

코칭에서는 고객의 참여와 에너지 수준에 매우 민감하게 반응하는 것이 중요하다. 코치가 고객의 감정적, 비언어적 신호들의 변화를 민감하게 알아차리고 고객에게 진정으로 필요한 것이 무엇인지를 탐구하면 고객이 원하는 결과를 얻도록 탁월하게 도울 수 있다.

모의문제 3

코칭 중에 코치는 고객이 평소보다 더 느리게 말하고, 두통이 있는 것처럼 머리를 비비고 있음을 알아차립니다. 고객이 최근 업무도 잘 진행되고 컨디션도 좋다고 말하고 있지만 실제로는 편안하지 않다는 것을 감지합니다. 코치는 어떻게 해야 할까요?

1. 고객에게 업무를 잘하고 있는 것 같아서 기쁘고, 정말 능력이 있어서 멋지다고 칭찬합니다.
2. 업무가 잘 진행되고 있다고는 하지만 표정이나 몸 상태에서 약간의 피로가 보인다고 고객에게 피드백합니다.
3. 말하는 내용이 사실이 아니라는 것이 바디 랭귀지에서 암시된다고 고객에게 알려줍니다.
4. 바디 랭귀지가 무엇을 의미하는 지 기록하고, 업무가 스트레스를 유발하

는 이유가 무엇인지 물어봅니다.

(1) 문제 분석

이 시나리오는 '적극적 경청' 역량을 평가하는 문제다. 고객의 말과 신체 언어가 일치하지 않을 때, 코치가 이를 감지하고 고객의 진짜 메시지를 탐구하는지를 평가하는 데 초점이 있다. 적극적 경청은 고객의 말뿐 아니라 비언어적 신호, 즉 신체 언어, 목소리 톤, 감정적 반응 등을 통해 고객의 메시지를 이해해야 한다. 이를 통해 고객의 숨겨진 감정이나 생각을 탐구하고 명확히 하며, 대화를 심화시켜 나간다.

(2) 답문 분석

1번. 고객에게는 이 새로운 역할을 수행할 수 있는 높은 수준의 능력이 있다고 안심시키며 고객의 능력을 인정하고 자신감을 주려는 노력은 긍정적이지만, 고객의 비언어적 신호(두통, 느린 말투 등)를 탐구하지 않고 넘어가고 있기 때문에 문제의 핵심을 놓칠 수 있다.

2번. 고객의 신체의 변화에 대해서 사실을 기초로 중립적인 표현으로 언급하며, 고객의 숨겨진 감정과 상태를 탐구하려는 시도를 보여준다. 이는 고객의 말뿐 아니라 비언어적 신호 등을 통해 고객의 숨겨진 감정이나 생각을 탐구하고 명확히 하며, 대화를 심화시켜 나가는 경청의 역량을 잘 나타내고 있다.

3번. 고객의 말을 부정하며 판단을 내리는 방식은 방어적인 반응을 유발할 가능성이 있다. 이러한 말은 고객의 감정을 존중하지 않아 코칭 관계를 약화시킬 수 있으므로 지양해야 한다.

4번. 고객의 신체 언어를 인식한 것은 긍정적이지만, 그 해석을 코치가 주도하며 고객의 내적 탐구를 제한할 수 있다.

(3) 최선의 답과 최악의 답변

최선의 답변: 2번

고객의 말뿐 아니라 비언어적 신호 등을 통해 고객의 숨겨진 감정이나 생각을 탐구하고 명확히 하며, 대화를 심화시켜 나가는 경청의 역량을 잘 나타내고 있으므로 최선의 답이다.

최악의 답변: 3번

고객의 말을 부정하며 단정 내리는 방식은 고객의 감정을 존중하지 않아 코칭 관계를 약화시킬 위험이 있다.

적극적 경청 역량의 '고객의 비언어적인 신호에 대해 주목하고 알려주며 탐색한다.'에 부합된다. 코치는 고객의 신호를 민감하게 감지하고 중립적인 태도로 이를 탐구하며, 고객의 성찰을 불러일으켜야 한다.

모의문제 4

고객은 지난 세션에서 자신의 변화와 성장을 기록하는 일기를 쓰기로 했는데 이행하지 못했다고 말합니다. 코치는 고객이 이전 세션의 실행 계획에 실패하여 실망한 것을 알아차립니다. 세션 후반에 고객은 힘없는 목소리로 일기 쓰기에 실패한 이야기를 또다시 반복합니다. 코치는 어떻게 해야 할까요?

1. 고객은 자신의 목표를 달성할 수 있는 다른 방법을 찾을 수 있으므로 실망하지 말라고 고객을 위로합니다.
2. 고객이 우울하고 실망한 것처럼 보인다는 관찰 내용을 이야기하고, 그 사연이 무엇인지 물어봅니다.
3. 일기 쓰기에 대해 두 번이나 언급한 것에 주목하고, 어떤 다른 방법을 시도할 수 있는지 물어봅니다.
4. 고객이 일기 쓰기에 어려움을 겪은 것에 대해 두 번 언급했음을 인정하고, 일기 쓰기와 실행 계획 이행 중 무엇이 더 중요하다고 느끼는지 고객에게 물어봅니다.

(1) 문제 분석

고객은 세션 중 일기 쓰기의 어려움과 실패에 대한 언급을 반복하며, 낙담한 신호(언어적·비언어적)를 보이고 있다. 이때 코치의 역할은 고객의 반복되는 언급에서 핵심 메시지를 파악하고, 이 의미를 파악하고 대응해야 한다.

(2) 답문 분석

1번. 일기 쓰기의 실패와 고객의 실망한 상태를 간과하고, 문제를 단순히 다른 대안으로 전환하려는 접근이다. 고객의 핵심 메시지를 무시하므로 부적절하다.

2번. 고객이 우울하고 실망한 것처럼 보인다는 관찰 내용을 이야기하고, 그 사연이 무엇인지 물어보며 고객의 감정을 탐구하려는 시도는 긍정적이지만, 고객의 반복된 언급에서 핵심 내용을 요약하고 이를 반영하려는 시도는 부족하다.

3번. 일기 쓰기에 대한 고객의 두 번째 언급에 주목하고, 일기 쓰기가 아니라 다른 방법을 시도하도록 유도하는 것으로 보일 수 있다. 또한 실망에 대한 반복적인 표현과 감정 상태를 충분히 공감하지 못한다.

4번. 일기 쓰기에 어려움을 겪은 것에 대해서 두 번 언급했음을 인정하고, 연관된 사안의 우선순위를 명확히 하도록 돕는 시도가 긍정적이다. 이는 고객의 핵심 메시지를 반영하며, 고객이 무엇을 중요시해야 할지에 대해 성찰하도록 돕는다.

(3) 최선의 답과 최악의 답변

최선의 답변: 4번

고객이 세션 중 일기 쓰기의 어려움과 실패에 대한 언급을 반복하며, 낙담한 신호(언어적·비언어적)를 보이고 있다는 것을 관찰하고, 그것을 인식하게 해주어 고객이 자신이 한 말에 대해 성찰하도록 돕고 있다.

최악의 답변: 1번

고객의 감정을 탐구하거나 핵심 메시지를 요약하여 성찰하도록 돕는 시도가 전혀 없으며, 상황을 단순히 다른 대안으로 전환하여 해결하게 하는 부적절한 접근이다.

이 문제는 '적극적 경청' 역량 중 '고객이 사용하는 단어, 어조, 신체언어를 통합하여 의사소통의 전체적인 의미를 파악한다.'는 역량에 초점을 맞추고 있다. 고객이 반복적으로 사용하는 언어는 고객에게 특별한 의미가 있을 수 있다. 따라서 코치는 고객이 반복적으로 사용하는 언어가 있을 때는 이를 무시하지 않고 멈추어서, 그 단어가 의미하는 것이 무엇인지, 원하는 것이 무엇인지 등을 탐색하며 성찰하도록 도와야 한다.

4) 감정과 관련된 애매한 역량을 구별하는 포인트

감정과 관련된 이슈는 ICF 필기시험에 자주 등장한다. 이 감정과 관련된 스킬은 '신뢰와 안전감 조성', '프레즌스 유지', '적극적 경청' 등 주로 세 가지 스킬에 자주 나타난다. 이 세 가지 스킬은 코칭 과정에서 매우 중요한 역할을 하며, 고객이나 코치가 나타내는 감정의 양상은 비슷해 보일 수 있지만 상황에 따라 다른 방법과 스킬을 사용할 필요가 있다. ICF 필기시험에서는 감정의 특징과 양상, 코칭의 목표와 방향에 따라 다른 스킬이 사용되기 때문에 감정과 연관된 스킬을 구분하지 못하면 많은 문제에서 정답을 놓치게 된다. 여기서는 제시된 감정의 문제가 어떤 역량과 관련되어 있는지 알기 힘든 애매한 상황에서도 정확하게 역량을 구별해내는 방법을 이해하도록 한다.

(1) 신뢰와 안전감 조성하기

고객이 자유롭게 자신의 생각과 감정을 공유할 수 있는 안전하고 지지적인 환경을 조성하며, 고객과 코치 간의 상호 존중과 신뢰를 바탕으로 코칭 관계를 유지하는 것을 목표로 한다. 이를 통해 고객은 자신을 더 깊이 탐구하고 변화로 나아갈 수 있는 심리적 안전감을 느끼게 된다. 코치는 고객의 감정, 신념, 행동을 있는 그대로 인정함으로써 고객이 자신감을 가지고 코칭 과정에 몰입하도록 돕는다.

감정 이해: 고객이 어떤 감정 상태에 있는지 이해하고 공감한다.

감정 처리: 고객이나 코치의 약한 부분을 솔직하게 드러내어 신뢰를 쌓는다.

차별점: 고객이 편안하게 자신의 감정을 표현하도록 인정하고 안전한 환경을 조성한다.

(2) 프레즌스 유지하기

'프레즌스 유지'란 코칭하고 있는 현재 상황에 온전히 집중하여 고객과의 연결을 강화하고, 자신감과 평정심을 유지하는 것을 말한다. 코치나 고객의 격한 감정이나 어려운 상황에 접했을 때 코치는 이러한 감정에 휘말리지 않고 평정심을 유지하며 코칭 목표에 집중하는 노력이 필요하다. 코치는 코칭 과정 중에 지속적으로 자신감과 평정심을 유지해야 한다. 또한 고객이 코치가 알지 못하는 전문지식이나 경험을 나눈다 해도 당황하지 않고 편안하게 코칭해 나가는 태도를 유지할 필요가 있다.

감정 이해: 현재 순간에 집중하여 고객의 감정 변화를 민감하게 포착한다.

감정 처리: 고객의 감정에 즉각적이고 진정성 있는 반응을 보이며, 그 순간을 함께 경험한다.

차별점: 코치나 고객의 격한 감정에도 흔들리지 않고 평정심을 유지하며 목표에 집중한다.

(3) 적극적 경청하기

고객의 말을 정확히 이해하고 고객의 관점에서 생각하며, 고객의 언어뿐만 아니라 비언어적 신호나 변화까지 파악하고, 고객의 말을 요약하고 반응한다. 고객이 자신도 모르게 나타내는 감정과 신호들을 포착해서 고객이 스스로 그것을 알아차리고 성찰하도록 돕는다. 이 기술은 고객의 이야기를 듣는 모든 과정에서 사용되며, 특히 고객이 복잡한 감정을 표현하거나 문제 해결을 위한 정보를 제공할 때 중요하다.

감정 이해: 고객의 언어적, 비언어적 신호 등을 알아내고 그 의미를 찾아낸다.

감정 처리: 고객의 감정이 나타내는 의미와 필요를 파악하여 고객이 원하는 결과를 향해 나아가도록 돕는다.

차별점: 감정의 의미를 명확히 하고 고객이 자신의 감정을 잘 이해하고 성찰하게 한다.

(4) 기술 간 차별점

1. 신뢰와 안전감 조성: 고객이 감정을 인정하고 자유롭게 표현하게 하여 신뢰할 수 있는 안전한 환경을 만든다.

2. 프레즌스 유지: 코치가 자신의 감정을 조절하고 고객의 감정이 휘말리지 않고 자신감을 유지하며 코칭에 집중한다.

3. 적극적 경청: 언어적, 비언어적 신호를 잘 관찰하며 감정의 의미와 필요를 명확히 파악하고 고객이 자신의 감정을 잘 성찰하도록 돕는다.

스킬별 감정의 초점과 차별점

스킬의 목적	감정의 초점	차별점
신뢰와 안전감 조성: 신뢰 관계 구축이 목적	코치가 고객의 감정을 있는 그대로 인정하고 지지하여 신뢰를 구축하기	고객의 감정을 인정하고 자유롭게 표현하게 하기
프레즌스 유지: 현재에 집중하고 평정심을 가지는 것이 목적	코치가 자신의 감정을 조절하고, 고객과 함께 현재 순간에 머물기	코치가 감정을 조절하고 자신감을 유지하기
적극적 경청: 깊이 관찰하고 성찰하는 것이 목적	고객의 언어적, 비언어적 변화를 알아차리고, 고객이 이를 인지하고 성찰하게 하기	고객이 자신의 감정을 인식하고 성찰하게 하기

시험에서 감정에 관련된 문제가 나온다면 위 세 가지 중 어느 역량에 관한 것인지를 구별해야 한다. 고객이 불안하거나 슬픔을 느낄 때, 이것을 인정하고 공감하는 것은 '신뢰와 안전감 조성'의 역량이다. 고객이 화가 나서 큰소리를 치거나 격한 감정을 나타낼 때는 코치가 이에 영향받지 않고 감정을 조절하여 자신감을 가지고 '프레즌스를 유지'해야 할 상황이다. 그리고 고객이 얼굴을 숙이거나 팔짱을 끼거나 한숨을 쉬는 등 비언어적 신호

를 나타낸다는 것을 알아차린다면, 고객에게 질문하면서 그 변화가 무엇을 의미하는지 성찰하도록 돕는 '경청의 역량'을 사용해야 한다.

이처럼 고객의 감정이 나타나는 양상에 따라 코치가 사용해야 할 역량이 다르므로 위의 기준을 잘 이해하여 질문과 답문 속에 나타나는 고객과 코치 간의 감정 표현들을 잘 구분하도록 한다.

3

코칭을 해도 변화가 없어요
⑥ 의식 확장

1) 의식 확장의 의미

'의식 확장(Evokes Awareness)'은 코치가 고객이 새로운 관점을 얻고, 자기 성찰을 통해 변화를 이끌어내도록 돕는 과정이다. 고객이 의식을 확장하여 자신과 자신의 상황을 더 깊이 이해하고 새로운 가능성을 발견하도록 돕는 데 중점을 둔다.

의식 확장에서는 고객이 자신에 대한 이해를 깊이 하고, 변화를 위한 동기를 부여받는다. 다양한 관점에서 문제를 바라보도록 하여 창의적인 해결책을 찾도록 돕는다. 지시나 조언보다는 고객이 스스로 문제를 해결하도록 열린 질문을 한다. 특히 열린 질문, 탐색적인 질문, 긍정 질문 등 다양한 질문 기법을 사용하여 고객의 의식 확장을 촉진한다. 또한, 고객이 대안을 찾지 못할 때는 비유나 은유를 사용하여 이해를 쉽게 하고, 침묵을 통해 고객이 스스로 생각할 수 있는 시간을 제공한다.

ICF 역량 중 가장 중요하면서도 난이도가 높은 의식 확장은 이해하기도 어렵고 체화하여 고객에게 적용하기도 쉽지 않다. 이는 다음과 같은 방해 요소들이 존재하기 때문이며, 우리는 의식 있는 전문 코치로서 다음의 요인들을 제거하도록 노력해야 한다.

- 고객의 이야기를 다 듣기 전에 성급하게 결론을 내리는 경우
- 자신의 경험을 바탕으로 고객의 상황을 해석하고 일반화하는 경우
- 고객에게 해결책을 제시하거나 충고하는 경우
- 고객의 생각이나 감정에 대해 선입견이나 판단을 하는 경우
- 닫힌 질문을 하는 경우

2) 의식 확장의 구성 요소

(1) 강력한 질문 던지기

고객이 자신의 생각과 가치관을 탐색하고, 새로운 시각을 갖도록 돕는 깊이 있는 질문을 던진다. 강력한 질문의 성공 지표는 고객이 질문을 통해 새로운 통찰을 얻게 되었는지 여부다. 고객이 "이 질문을 통해 전혀 다른 관점에서 생각하게 되었어요." 혹은 "이 질문이 제 안에 숨어 있던 답을 끌어내 주었어요."라고 표현한다면, 성공적인 질문을 한 것이다.

코치는 고객의 말을 면밀히 듣고 고객의 깊은 사고를 촉진하는 질문을 던져야 한다. 예를 들어, "이 상황에서 가장 중요한 요소는 무엇인가요?", "당신이 이 문제를 통해 얻고자 하는 것은 무엇인가요?"와 같은 질문은 고객의 생각을 확장시키고 그들의 가치관을 탐색하는 데 효과적이다.

시험에서는 코치가 강력한 질문을 통해 고객의 의식을 확장하는 능력을 평가한다. 복잡한 시나리오 속에서 코치가 어떻게 강력한 질문을 던져 고객이 자기성찰을 하고, 깨달음을 얻게 하는지에 대한 문제가 출제될 수 있다.

(2) 자기인식 강화하기

자기인식 강화는 고객이 자신의 생각, 행동 패턴, 감정, 신념을 관찰하고 이를 성찰하고 변화하도록 돕는 코칭 기술이다. 고객이 자신의 내적 상태와 행동의 원인을 더 명확히 이해함으로써 현재의 문제를 새로운 관점에서 바라보거나 행동 변화를 위한 첫걸음을 내디딜 수 있도록 지원한다.

코치는 고객이 자신의 생각과 행동을 관찰하고 분석하도록 돕는 질문을 던질 수 있다. 예를 들어, "반복되는 패턴은 무엇을 의미하나요?", "이 행동의 뒤에서 어떤 생각이 작용했나요?" 같은 질문은 고객이 자신을 더 깊이 이해하는 데 도움을 줄 수 있다.

시험에서는 코치가 고객이 자신의 성찰하며 자기인식을 하도록 돕고 있는지에 대한 문제가 출제될 수 있다.

(3) 제한적 생각에서 벗어나기

고객이 자신의 잠재력과 가능성을 인식하고 제한적인 생각에서 벗어나도록 돕는다. 의식 확장은 고객이 자신의 잠재력을 새롭게 깨닫고 행동 동기를 얻는지를 평가한다. 고객이 "제 가능성을 다시 보게 되었어요." 또는 "이제 무엇이든 할 수 있을 것 같아요."라는 피드백은 의식 확장이 성공했음을 보여준다.

시험에서는 코치가 고객의 의식을 확장하는 능력을 평가한다. 시나리오에서 고객의 제한적인 사고를 벗어나도록 돕는 방식에 대한 문제가 출제될 수 있다.

(4) 맹점 인지하기

고객이 미처 인지하지 못했던 맹점을 인식하도록 돕는다. 맹점 인지는 고객이 스스로 놓쳤던 중요한 부분을 새롭게 인식했는지를 평가한다. 코치는 고객이 놓치고 있는 중요한 부분을 스스로 인식할 수 있도록 돕는 질문을 던져야 한다. 예를 들어, "이 문제를 해결하는 데 방해가 되는 요소는 무엇인가요?", "지금까지 보지 못한 다른 측면은 무엇일까요?" 같은 질문이 효과적이다.

"제가 그 부분을 전혀 보지 못했었네요." 또는 "이것이 제 문제의 핵심이었군요."라는 반응이 나온다면 성공적인 맹점 인지의 결과라고 할 수 있다.

시험에서는 고객의 맹점을 인지하도록 돕는 코칭 기술이 평가된다. 시나리오에서 코치가 고객이 보지 못한 문제를 발견하도록 돕는 질문을 하는지에 대한 문제가 출제될 수 있다.

(5) 관점 전환하기

코치는 고객이 기존 사고방식에서 벗어나 새로운 관점을 탐색하도록 도와야 한다. 다양한 관점에서 문제를 바라보고 해결책을 모색할 수 있도록 질문한다. 예를 들어, "이 문제를 제3자의 관점에서 본다면 어떤 모습일까요?", "반대 관점에서 접근한다면 어떤 해결책이 있을까요?"와 같은 질문은 고객에게 새로운 통찰을 줄 수 있다.

새로운 관점을 성공적으로 제시했는지는, 고객이 문제를 다양한 시각에서 바라보고 새로운 해결책을 떠올릴 수 있게 되었는가로 평가된다. 고객이 "이 문제를 전혀 다른 시각에서 보게 되었어요." 또는 "이제 더 다양한 방법으로 접근할 수 있을 것 같아요."라고 말한다면 성공적으로 새로운 관점을 갖게 된 것이다.

시험 적용 포인트

시험에서는 코치가 고객에게 새로운 관점을 제시하는 능력을 평가한다. 시나리오에서 고객의 문제에 대해 고객 스스로 다양한 관점에서 바라보고 생각해보도록 질문 또는 제안하고, 이를 통해 폭넓은 해결책을 찾도록 돕는 방식의 문제가 출제될 수 있다.

핵심 키워드

사고 │ 가치 │ 욕구 │ 신념 │ 질문 │ 관점 전환(은유 비유)
맹점 인식 │ 통찰 │ 직접 │ 개방적 질문 │ 인식 변화

3) 의식 확장 모의 문제풀이

모의문제 1

코치는 조직의 리더와 조직에 적응하는 방법에 대해 코칭하기로 했습니다. 첫 번째 세션에서 고객은 자신의 공무원 경험에서 생긴 리더십 방식이 현재 조직에서 약간의 갈등을 일으켰다고 말했습니다. 코치는 고객이 새로운 환경에 적응하려는 의지를 표현하는 대신에 이전 리더십 경험을 평가절하하고 있다고 느낍니다. 코치는 어떻게 해야 할까요?

1. 고객에게 공무원 생활 경험이 자신과 다른 사람들 모두에게 가치 있고, 자랑스러운 것이라고 말해줍니다.
2. 고객과 함께 공무원 경험이 현재 역할에 어떤 통찰을 제공하며 향후 어떤 도움이 될 수 있는지 그 방법을 살펴봅니다.
3. 고객과 함께 현재 조직이 필요로 하는 리더십 가치를 검토하고 이러한 가치에 어떻게 맞출 수 있는지 살펴봅니다.
4. 고객의 관점을 더 잘 이해하기 위해 코치가 경험한 공무원에 대해 생각해 봅니다.

(1) 문제 분석

이 시나리오는 ICF 코칭 핵심역량 중 '의식 확장(알아차림)'과 관련이 있다. 이는 고객의 자기 발견을 촉진하고 경험을 탐구하며, 이러한 경험이 현재 행동과 적응력에 어떤 영향을 미치는지 이해하는 것을 묻는다.

(2) 답문 분석

1번. 코치의 관점으로 대화를 유도하는 경향이 있다. 이 방식은 고객의 성찰이나 탐구를 효과적으로 촉진하지 못하며, 코치의 관점이 고객의 감정 탐구와 새로운 조직 환경 적응에 필요한 조치를 방해할 수 있다.

2번. 고객의 과거 강점을 현재의 도전 과제와 연결하고 자기 인식을 높이며, 이전 경험을 자산으로 재구성할 기회를 갖게 한다. 이는 고객이 새로운 관점에서 귀중한 자원을 활용할 수 있도록 의식 확장을 촉진하고 있다.

3번. 조직의 리더십 가치를 검토하고 고객이 이에 어떻게 맞출 수 있는지 논의한다. 하지만 이 방식은 조직의 필요에 더 초점을 맞추어서 고객의 과거 경험과 현재 역할 간의 통합적 관계를 충분히 다루지 못할 수 있다. 결과적으로 내부 갈등을 간과할 가능성이 있다.

4번. 코치가 고객과 공감하기 위해 공무원 경험에 대한 자신의 이해를 반영하도록 제안하는데, 이 접근은 개인적인 편견이나 가정을 가져올 위험이 있다. 코치는 자신의 해석을 강요하기보다는 고객의 경험에 초점을 맞춰야 한다.

(3) 최선의 답과 최악의 답변

최선의 답변: 2번

코치는 고객의 과거 강점을 현재의 도전 과제와 연결하고, 자기 인식을 높이며, 이전 경험을 자산으로 재구성할 기회를 갖도록 돕는다. 이는 고객이 새로운 관점에서 귀중한 자원을 활용할 수 있도록 의식 확장을 촉진시켜 주는 최선의 답이다.

코치의 관점으로 대화를 유도하는 방식은 고객의 성찰이나 탐구를 효과적으로 촉진하지 못한다. 이는 코치의 관점이 고객의 감정 탐구와 새로운 조직 환경 적응에 필요한 조치를 방해할 수 있다.

이 시나리오에서 코치는 고객의 과거 경험을 인정하고 고객이 이를 현재 상황에 긍정적으로 통합할 수 있도록 의식 확장을 촉진하는 데 중점을 두는 것이 바람직하다. 이렇게 의식 확장을 통해 고객은 자기 인식을 높이며 이전 경험을 자산으로 재구성할 기회를 갖게 된다.

모의문제 2

고객은 새로운 직업을 찾고 있습니다. 새로운 일자리에 대해서 조사한 후에 이 목록을 코치와 공유합니다. 코치는 급여, 출퇴근 시간, 승진 기회를 비롯한 장단점 목록을 보면서 어떤 일자리가 좋을지 상의하고 싶어 합니다. 코치는 어떻게 해야 할까요?

1. 고객에게 조사한 것에 대한 장단점에 대해 더 자세한 정보를 제공해 달라고 요청합니다.
2. 좋아 보이는 일자리에 대한 의견을 제공하지만 강력하게 지지하지는 않습니다.

3. 최선의 선택지인 일자리가 명확하게 나타날 때까지 여러 가지 추가적인 요소를 계속 파악합니다.

4. 목록을 옆으로 내려놓고 먼저 일자리에 대해서 본인에게 편안하게 느껴지는 요소가 무엇인지 물어봅니다.

(1) 문제 분석

이 시나리오는 '의식 확장(알아차림)'과 연관되어 있다. 고객이 논리적 분석에 집중하여 의사결정 과정에서 교착 상태에 빠진 상황이다. 코치는 고객이 데이터를 넘어 더 깊은 통찰력과 감정을 발견할 수 있도록 돕는 역할을 해야 한다.

(2) 답문 분석

1번. 장단점에 대한 논리적 분석을 더 깊이 파고들며 목록을 더욱 세분화할 수 있지만, 대화를 고객의 분석적 사고방식 내에서 엄격하게 유지하고 구인 제안에 대한 감정이나 직감을 탐구하도록 장려하지 않는다.

2번. 코칭이 아니라 조언을 제공하며 코치의 관점을 강요하는데, 이는 고객이 직무와 관련하여 자신의 감정이나 가치와 연결하는데 직면한 근본적인 어려움을 해결하지 못한다. 코치가 의사결정 책임자가 되어 고객의 권한을 약화시킨다.

3번. 고객이 직관이나 구인 제안에 대한 감정과 연결하는 어려움을 해결하지 못하고 고객의 감정이나 개인적 가치를 고려하지 않는다.

4번. 이 답은 목록에서 드러나지 않는 더 깊은 가치나 선호도를 발견하도록 돕는다. 이것은 고객이 논리와 데이터를 넘어서 새로운 생각과 상상을 하며 최적의 의사결정을 하도록 돕고 있다.

(3) 최선의 답과 최악의 답변

최선의 답변: 4번

코치가 고객이 현재의 생각을 넘어서 새로운 감정과 직감을 활용하도록 돕는다. 이 방법은 현재를 넘어 의식을 확장하게 하고 감정과 이성을 모두 통합하여 최적의 의사결정을 하도록 돕는다.

최악의 답변: 1번

의식을 확장하여 다른 각도에서 더 많은 생각과 대안을 찾도록 할 때, 고객을 너무 세부적인 것에 집중하게 하고 논리적 분석에 지나치게 의존하게 하는 것은 문제를 해결하는 데 도움이 되지 않는다.

이 시나리오는 고객이 논리나 데이터에서 한발 떨어져서 상상력과 직관을 활용하도록 돕고 있다. 이러한 시도는 고객의 진정한 가치나 선호에 대해 자각하도록 하여 가장 효과적인 의사결정을 하도록 돕는다. 이렇게 고객이 자기의 틀에서 벗어나 관점을 전환하고 의식을 확장하도록 돕는 것이 고객에게 가장 유익한 솔루션을 가져다 준다.

모의문제 3

감성이 풍부한 고객이 자신의 행동을 바꾸고 새로운 습관을 개발하고 싶어합니다. 상상력이 풍부한 이 고객은 은유를 사용하며 이 문제에 대한 자신의 갈등을 설명합니다. 코치는 고객이 자신의 갈등을 다루는데 너무 많은 에너지를 소진하고 있음을 파악했습니다. 코치는 어떻게 해야 할까요?

1. 고객이 은유를 사용하여 행동 계획을 개발하고 은유의 관점에서 조치 단계를 개념화하도록 요청합니다.
2. 명시된 목표에 대한 장애 요소와 관련된 설명을 고객과 함께 살펴봅니다.
3. 고객이 조치를 취할 준비를 하기 위해 더 구체적인 용어로 말하고 생각하도록 요청합니다.
4. 목표를 달성하기 위한 보다 구체적인 접근 방식을 탐색할 수 있도록 고객을 지원합니다.

(1) 문제 분석

이 시나리오는 '의식 확장(알아차림)'에 관한 것이다. 고객은 추상적 사고에서 실행 가능한 단계로 전환하는 데 어려움을 겪고 있기 때문에, 코치의 역할은 고객의 스타일에 맞추어 실제 변화를 촉진하도록 돕는 것이다. 고객이 은유를 사용하고 있다면 그 은유를 사용하여 의식을 확장하고 해결방안을 찾는 것이 효과적이다.

(2) 답문 분석

1번. 고객에게 상상력을 사용하여 변화를 향한 행동 계획을 만들도록 요청하여 고객에게 추상적 사고와 구체적 행동 사이의 격차를 인식하도록 도움을 준다. 코치는 고객이 사용하는 은유를 똑같이 사용하여 실행 가능한 단계로 다리를 놓아 에너지 낭비를 줄이며 변화를 촉진하도록 돕는다. 이것은 고객의 소통 방식에 맞추어 솔루션을 도출하는 바람직한 방법이다.

2번. 진행을 방해하는 장애물에 집중하게 하면 고객이 해결책을 향해 나아가기보다는 어려움에 너무 집중할 수 있다. 이것은 고객이 어려움을 설명하는 데 많은 에너지를 소모하게 만들고, 진전 없이 추상적 설명으로 그치게 할 수 있다.

3번. 고객의 사고를 추상적 사고에서 구체적 사고로 전환하는 것을 목표로 한다. 더 구체적으로 하면 행동을 촉진할 수 있지만, 고객에게 자연스러운 표현 방식을 바꾸라고 요청하면 강요되거나 불편하게 느껴질 수 있으며 저항이 일어날 수 있다.

4번. 고객이 목표를 달성하기 위한 보다 구체적인 접근 방식을 탐색하도록 돕고 있으나, 고객의 은유 사용의 강점을 활용하지 않는다.

(3) 최선의 답과 최악의 답변

최선의 답변: 1번

코치는 고객이 사용하는 은유를 똑같이 사용하여 실행 가능한 단계로 다리를 놓아 에너지 낭비를 줄이며 변화를 촉진한다. 이것은 고객의 소통 방식에 맞추어 대화를 하고 있기 때문에 효과적이다.

고객의 진행을 방해하는 장애물에 집중하게 하는 것은 고객이 해결책보다는 문제에 집중하게 한다. 이것은 많은 에너지를 소모하게 하고 최적의 해결책을 찾는데 방해가 된다.

이 시나리오는 코치의 실제 변화를 촉진하기 위해 고객의 창의성을 활용하도록 돕는 것을 강조한다. 고객이 문제를 해결하도록 도울 때 고객의 소통 스타일에 맞추는 노력이 필요하다. 예를 들어 고객이 은유를 사용한다면 그 은유를 그대로 사용하여 고객이 자기 스타일에 맞게 문제를 풀어가고 의식을 확장하도록 돕는 것은 효과적이다.

모의문제 4

코치는 자녀와의 관계를 개선하려는 고객과 여러 번 코칭을 하고 있습니다. 고객은 지난 세션 이후 대학생 아들과 식사를 하다가 말다툼을 했다고 합니다. 고객은 아들에게 화를 내고 험악한 말을 해서 후회하고 있습니다. 고객은 이 상황을 어떻게 해야 할지 모르겠고 가슴이 꽉 막힌 것 같다고 말합니다. 코치는 목표에 대한 진전이 없는 것 같은 생각이 듭니다. 코치는 어떻게 해야 할까요?

1. 아들과 관계가 잘 풀리지 않았으므로, 취해야 할 몇 가지 새로운 조치를 고

객과 함께 브레인스토밍합니다.

2. 말다툼에 대해 돌아보고 그것에서 앞으로 나아갈 새로운 교훈을 얻도록 고객을 지원합니다.

3. 아들의 상처받은 감정을 치유하기 위해 아들에게 말한 내용이 무엇인지 설명하도록 요청합니다.

4. 양질의 시간을 함께 보내는 행동을 끝까지 수행하려는 고객의 노력에 박수를 보냅니다.

(1) 문제 분석

이 시나리오는 '의식 확장(알아차림)'에 관한 것으로, 고객에게 일어났던 일들을 돌아보면서 고객의 깨달음을 통합하고, 이 깨달음을 생활에서 어떻게 실천할 수 있는지 질문하는 것의 중요성을 강조한다. 이 시나리오에서 고객은 아들과의 관계에서 좌절감을 느끼고 있다. 이 때 코치의 역할은 고객이 이러한 경험을 되돌아보고 교훈을 토대로 새로운 통찰을 얻도록 돕는 것이다. 이는 고객이 자신의 생각과 행동 패턴을 탐구하고, 앞으로의 접근 방식을 개선할 수 있도록 도와준다.

(2) 답문 분석

1번. 함께 관계가 잘 풀리지 않았으므로, 취해야 할 몇 가지 새로운 조치를 고객과 함께 브레인스토밍하는 접근으로, 고객이 말다툼을 통해 배우고 깨달음을 얻는 과정이 생략되었다.

2번. 말다툼에 대해 돌아보도록 고객에게 요청하여 고객이 경험을 돌아보며, 자신의 생각, 행동, 감정의 원인을 탐구하고, 이를 통해 새로운 통찰을 얻도록 돕고 있다. 이는 의식 확장 역량의 핵심이다.

3번. 고객의 아들에 초점을 맞추며 고객의 내적 탐구와 통찰 과정을 간과함으로써 고객이 자신의 경험에서 배우고 성장할 기회를 제한한다.

4번. 고객의 노력을 인정하는 것은 긍정적이지만, 고객의 경험을 성찰하고 교훈을 얻는 과정이 생략되었다. 이는 의식 확장 역량을 충분히 구현하지 못하고 있음을 나타낸다.

(3) 최선의 답과 최악의 답변

최선의 답변: 2번

고객이 말다툼 상황을 돌아보고, 자신의 행동과 감정을 탐구하며, 이를 통해 새로운 통찰과 교훈을 얻도록 지원하여 의식 확장 역량의 본질에 부합한다.

최악의 답변: 3번

고객의 경험에서 배우는 과정을 방해하며, 고객의 통찰보다는 아들의 감정 치유에 초점을 맞추고 있기 때문에 코칭의 목적에서 벗어난다.

이 시나리오는 고객이 말다툼의 경험을 되돌아보고, 자신의 행동과 감정을 탐구하며, 이를 통해 새로운 통찰을 얻도록 의식을 확장하는 것을 강조하고 있다.

4

고객이 말만 하고 실천을 안 해요

⑦ 성장 촉진

1) 고객의 성장 촉진의 의미

고객의 '성장 촉진(Facilitates Client Growth)'은 코칭의 마무리 단계에서 진행된다. 여기서 코치는 단순히 고객이 문제를 해결하도록 돕는 것을 넘어, 고객이 자신의 잠재력을 최대한 발휘하고 지속적인 성장을 이루도록 지원하는 데 초점을 맞춘다. 고객의 성장을 촉진하는 과정에서 코치는 구체적이고 실행 가능한 행동 계획을 수립하도록 돕고, 지속적인 성찰을 통해 고객이 꾸준히 진전을 이룰 수 있도록 한다.

고객의 성장 촉진은 코치가 고객이 자신이 설정한 목표에 도달할 수 있도록 지원하며, 자기 주도적 성장과 발전을 촉진하는 과정이다. 코치는 고객이 도전에 직면하고 그 과정을 통해 배움을 얻게 하며, 궁극적으로 스스로 해결책을 찾고 변화를 이끌어내도록 돕는다. 고객의 성장 촉진은 고객이 책임감을 가지고 스스로의 삶을 이끌어가는 능력을 강화하도록 돕는다.

코치는 고객이 목표를 명확하게 설정하고, 이를 달성하기 위한 실행 계획을 수립하도록 돕는다. 또한 고객이 성과를 지속적으로 평가하고 피드백을 받아들이며 필요한 조정을 할 수 있도록 지원한다. 코칭의 핵심은 고객이 스스로 문제를 해결할 수 있는 능력을 키우고, 변화의 주체로서 자신의 행동을 관리하고 성찰하게 만드는 것이다.

고객의 성장을 촉진하는 과정에서 코치는 구체적이고 실행 가능한 행동계획을 수립하도록 돕고, 지속적인 성찰을 통해 고객이 꾸준히 진전을 이룰 수 있도록 한다. 코치가 직접 해결책을 제시하거나 문제 해결을 대신하지 않고, 고객이 스스로 선택하고 결정하는 환경을 제공해야 한다.

이 단계에서 코치가 지나치게 조언을 제공하거나, 문제 해결을 대신하거나, 고객의 진전을 충분히 평가하고 축하하는 시간을 갖지 않고 서두르는 경우 고객의 성장 촉진을 방해할 수 있다. 코치는 고객을 컨트롤하거나 자신의 의견을 주입시키지 않고 고객의 여정에서 안내자 역할을 하며 고객 스스로 자신의 성장을 주도하도록 만들어야 한다.

2) 고객의 성장 촉진의 구성 요소

(1) 과정의 깨달음 정리하기

고객은 코칭 세션에서 목표를 수립하고, 장애 요인과 해결해야 할 과제를 분석하며, 자기인식을 통해 관점을 전환하여 가장 효과적인 대안을 찾게 된다. 코칭의 마무리 단계에서는 성장을 촉진하기 위해 고객이 이러한 과정에서 얻게 된 깨달음과 배움을 정리하고, 이를 목표 이행과 실생활에 적용할 수 있도록 도와야 한다. 이를 위해 "오늘 세션에서 자신(상황)에 대해 배운 것(깨달은 것)은 무엇인가요?" 와 같이 질문할 수 있다. 또한 여기서는 세션 시작 시 목표한 것이 얼마나 이루어졌는지 확인하는 과정도 포함된다.

코칭의 마무리 단계에서 고객이 얻게 된 깨달음과 배움을 정리하고, 그 배움을 목표 이행과 실생활에 적용할 수 있도록 돕는 능력을 평가하는 문제가 출제될 수 있다.

(2) 목표 설정과 실행 계획 세우기

고객이 스스로 설정한 목표를 명확히 하고, 이를 이루기 위한 대안을 탐색한 후, 이 중에서 중요하고 시급한 순으로 우선순위를 좁혀서 실행 계획을 세우도록 돕는다. 이 단계에서 고객이 구체적인 실행계획을 세우도록 지원한다.

시험 적용 포인트

필기시험에서는 코치가 고객의 목표를 어떻게 명확하게 이끌어내는지에 대한 문제가 출제될 수 있다.

(3) 실행 책임지기

실행 계획을 구체적으로 세운 후에는 실행을 방해하는 요인이 무엇인지를 점검하고, 고객 스스로 행동에 대한 책임을 지도록 돕는다. 이를 위해 실행 점검 방법, 실행이 가능한 환경을 조성하도록 돕는다.

시험에서는 코치가 고객 스스로 실행에 대해 책임감을 가지도록 돕는 능력을 평가할 수 있다. 만일 고객이 실행을 미루고 이행하지 않고 있다면 고객이 실행을 책임지는 방법이나 환경을 점검하며 고객이 스스로 실행할 수 있도록 지원했는지를 묻는 문제가 출제될 수 있다.

(4) 발전 평가 및 조정하기

고객이 꾸준히 발전을 이루고 있는지 지속적으로 평가하고, 필요한 경우 목표나 접근 방식을 조정하도록 돕는다. 코치는 고객이 발전을 상호책임지는 파트너로서 고객이 계속해서 발전할 수 있도록 동기부여하고 지원하는 것이 중요하다. 또한 단기적인 성과뿐만 아니라 장기적인 성장을 지속할 수 있도록 지원하는 것이 중요하다.

시험 적용 포인트

발전 평가 및 조정의 성공 지표는 고객이 자신의 진전 상황을 객관적으로 평가하고, 필요할 때 목표나 계획을 유연하게 조정할 수 있었는지 여부로 평가할 수 있다.

(5) 성장 축하 및 마무리하기

세션을 종료하기 전 코치는 고객이 세션 또는 목표 실행을 통해 이룬 발전을 축하하는 시간을 갖도록 한다. 고객이 자신이 이루어 온 변화와 성장을 돌아보고 인식하도록 하고, 진전을 축하하는 것은 고객을 격려하며 실행동기를 올려준다. 그리고 세션을 코치가 마치는 것이 아니라 고객 스스로 세션을 종료하도록 선택권을 주는 것도 중요하다. 이를 위해 "우리에게 약간의 시간이 남았는데, 이 시간을 어떻게 사용하면 좋을까요?" 하고 질문하여 고객이 마무리를 결정하도록 해야 한다.

시험 적용 포인트

시험에서는 코치가 고객의 작은 성과를 어떻게 긍정적으로 평가하고 이를 통해 고객에게 동기를 부여하는지에 대해 평가할 수 있다. 즉, 고객이 작은 진전을 이루었을 때 이를 지나치지 않고 축하하는지를 평가한다. 또한 세션이나 전체 과정을 마무리할 때, 고객에게 마무리할 수 있도록 시간의 여유를 주고 선택할 수 있도록 했는지, 아니면 코치가 일방적으로 마무리를 하는지를 평가할 것이다.

핵심 키워드

| 진행 상황 점검 | 배우고 깨달은 것 | 학습에 적용 | 세션 후 행동 |

| 자원과 장애 | 책임 방법 | 발전 축하 | 세션 종료 방법 |

3) 성장 촉진 모의 문제풀이

모의문제 1

책을 쓰고 싶어 하는 고객과 코칭하고 있습니다. 지난 세션에서 고객은 다음 세션 전에 책 쓰기를 시작하겠다고 말했으나, 또다시 너무 바빠서 집필을 시작할 수 없었다고 말했습니다. 코치가 고객에게 어떤 조치를 취하고 싶은지 물었을 때, 고객은 또다시 다음 세션 전에 집필을 시작하겠다고 말했습니다. 코치는 어떻게 하는 것이 좋을까요?

1. 다음 세션 전에 얼마나 많은 글을 쓸 것인지 고객에게 물어봅니다.
2. 글 쓰는 일을 책임질 수 있도록 도움이 되는 질문을 합니다.
3. 다음 세션 전에 첫 번째 장을 쓰도록 제안합니다.
4. 책임지는 데 도움을 줄 수 있는 다른 사람이 있는지 고객에게 물어봅니다.

(1) 문제 분석

이 시나리오는 ICF 코칭 핵심역량 중 '고객의 성장 촉진' 및 '의식 확장(알아차림)'에 관련된 것이다. 고객은 매 세션마다 목표를 수립했음에도 불구하고 글쓰기를 하지 못하고 있다. 여기서 코치의 역할은 고객이 실행에 영향을 미치는 기본 요소를 탐색하고 현실적이고 책임감 있는 계획을 수립하도록 지원하는 것이다.

(2) 답문 분석

1번. 이전 세션에서 비슷한 목표를 설정했음에도 불구하고 고객이 쓰지 못하고 있는 상황을 간과하고 있으며, 고객이 욕구를 행동에 옮기지 않는 근본 원인을 다루지 않고 있다. 고객의 과제에 대한 의미 있는 탐구를 하지 않고 피상적인 책임감에 대해 묻고 있어서 적합하지 않다.

2번. 고객이 자기 책임에 대한 전략을 탐색하도록 지원하여 쓰기 과정에 전념하는 데 도움이 되는 것이 무엇인지 성찰하도록 한다. 이러한 자기 탐색을 촉진함으로써 코치는 고객이 진행 상황을 자신의 것으로 인지하고 책임감을 갖게 하는 실용적인 방법을 생각하도록 한다. 이것은 고객이 목표를 향해 의미 있는 전진을 이루도록 돕는 올바른 방법이다.

3번. 고객이 다음 세션까지 달성해야 할 구체적인 목표(첫 장 쓰기)를 직접 제안한다. 이것은 고객이 스스로 글을 쓰도록 동기를 부여하지 않고 코치의 생각을 강요하는 형태이므로 바람직하지 않다.

4번. 고객에게 도움받을 수 있는 외부 사람이 있는지를 물어보는데, 이것은 고객이 내적 동기를 찾거나 시간 관리 전략을 찾는 등 자유롭게 방법을 생각하도록 하지 않고, 다른 사람에게 의존하도록 상황을 좁히고 있기 때문에 좋은 방법이 아니다.

(3) 최선의 답과 최악의 답변

최선의 답변: 2번

고객이 자기가 하기로 한 책임을 수행하지 않고 있으므로 그 책임을 이행할 수 있는 전략이 무엇인지 탐색하고 성찰하도록 돕는 노력이 필요하다. 이것은 고객이 목표를 향해 의미있는 전진을 이루도록 돕는 최선의 방법이다.

최악의 답변: 3번

코치가 고객 스스로 자신의 목표를 이루도록 동기부여하지 않고 코치의 생각을 주입시키고 그것을 이행하도록 강요하는 것은 코칭에서 지양해야 한다.

이 시나리오는 글을 써야 하는데 너무 바빠서 집필을 시작하지 못하고 매번 실행 약속을 지키지 못하는 고객이 이 상황을 스스로 깨닫고 스스로 책임지고 실행하도록 도울 필요가 있음을 시사한다. 이러한 상황에서는 코치가 고객이 자신의 목표에 대해서 책임을 질 수 있는 전략을 탐색하고 이에 전념하도록 지원하는 것이 중요하다.

모의문제 2

고객은 말을 장황하고 길게 하는 경향이 있습니다. 이 때문에 코칭의 진행이 느립니다. 이를 해결하기 위해 코치는 주제를 확인시키며 세션의 남은 시간을 자주 상기시키는 노력을 하고 있습니다. 그럼에도 고객은 계속해서 주제와는 상관없는 이야기를 길게 하고 있습니다. 코치가 시간을 보니 세션의 남은 시간이 5분뿐임을 알게 되었습니다. 코치는 어떻게 해야 할까요?

1. 남은 5분 안에 이야기를 마무리해달라고 고객에게 요청합니다.
2. 나머지 5분을 고객이 스스로 자신을 돌아보고 자각하는 기회를 갖는 데 사용합니다.
3. 약속한 코칭 시간이 5분 남았음을 알려주고 이 시간에 하고 싶은 것이 무엇인지 고객에게 물어봅니다.

4. 깨달음의 순간이 중요하기 때문에 다음 세션에서 이 주제를 다시 다루자
   고 제안합니다.

(1) 문제 분석

이 시나리오는 ICF 핵심역량 중 '프레즌스 유지'와 고객의 '성장 촉진' 역
량과 관련되어 있다. 코치는 고객의 현재 목표에 집중하면서 세션의 제한
된 시간을 관리해야 한다. 이 상황에서 코치는 프레즌스를 유지하면서 고
객의 남은 시간을 효과적으로 활용하도록 도와야 한다.

(2) 답문 분석

1번. 고객에게 생각을 빨리 마무리하도록 압박을 가함으로써 고객이 실
현을 서둘러야 하거나 불완전한 토론을 하게 만들 수 있다. 이는 고객에게
불필요한 긴박감을 줄 수 있다. 고객의 성찰 과정을 존중하지 않기 때문에
피해야 한다.

2번. 고객이 제한된 시간 내에 통찰력을 계속 탐구할 수 있도록 하고 있
지만 시간 제약으로 인해 효과적이지 않을 수 있다. 이 접근 방식은 세션이
갑자기 끝나면서 중요한 통찰력을 탐구하지 않는 것처럼 느껴질 수 있으므
로 이상적이지 않다.

3번. 고객에게 남은 시간을 알려주고 이 남은 시간을 고객이 어떻게 사
용할지 결정하도록 한다 이는 고객의 자율성을 존중하며, 고객이 스스로
세션을 어떻게 마칠지 결정하도록 하고 있기 때문에 바람직하다.

4번. 고객의 깨달음의 중요성을 인정하고 다음 세션에서 더 논의할 계획을 제안한다. 이 접근은 주제를 중요시 여기지만 고객을 통제한다고 느껴질 수 있다. 또한, 현재 세션의 남은 시간이 가치가 없다는 인상을 줄 수 있다.

(3) 최선의 답과 최악의 답변

최선의 답변: 3번

코칭 세션을 종료할 때에는 고객에게 남은 시간을 알려주고 이 남은 시간을 어떻게 사용할지 고객이 자율적으로 결정하도록 해야 한다. 이것은 고객을 존중하면서도 자신의 시간을 잘 관리하는 코치의 올바른 자세다.

최악의 답변: 1번

고객에게 생각을 빨리 마무리하도록 압박을 주면 고객에게 불필요한 긴장감을 주고, 성찰하는 시간을 가질 수 없다.

이 시나리오는 고객 중심의 접근 방식을 유지하면서 세션 시간을 관리하는 것의 중요성을 강조한다. 코치는 고객의 성찰 과정을 존중하고, 세션을 어떻게 활용할지에 대한 결정을 고객에게 맡겨야 한다. 코칭 내용이 미흡하고 하고 싶은 이야기가 남아 있다 해도 세션을 마무리할 때에는 남은 시간을 어떻게 사용할지 고객이 선택할 수 있도록 해야 한다.

모의문제 3

고객은 직장에서 대인관계에 대한 부정적인 피드백을 받은 후 코칭을 받고 있습니다. 지난 세션에서 고객은 직장에서 동료들과 더 효과적으로 의사소통하는 방법에 대해 고민하고 있다고 말했습니다. 이 고객은 코치가 말을 할 때에 끼어들어서 자기 이야기를 하다가 바로 스스로 깨닫고 "끼어들어서 죄송합니다. 계속하세요."라고 말했습니다. 코치는 어떻게 해야 할까요?

1. 의사소통 향상을 위해 어떤 자원이 필요한지 고객에게 물어봅니다.
2. 고객의 학습 경험을 축하함으로써 코칭 세션을 종료합니다.
3. 직장에서 이런 깨달음을 어떻게 실천할 수 있는지 고객에게 물어봅니다.
4. 직장에서 자신이 다른 사람의 말에 끼어들었다는 것을 얼마나 자주 알아차리게 되는지 물어봅니다.

(1) 문제 분석

이 시나리오는 ICF의 코칭 핵심역량 중 '의식 확장(알아차림)'과 고객의 '성장 촉진' 역량과 관련이 있다. 고객은 자신의 커뮤니케이션 습관, 특히 다른 사람의 말을 방해하는 경향에 대해 점점 자각하고 있다. 이때 코치는 고객이 이러한 깨달음을 실제 삶과 업무 상황에서 어떻게 적용할 수 있을지 물어보고, 고객의 성장을 촉진하기 위해 실행 가능한 행동 계획을 세울 수 있도록 해야 한다.

(2) 답문 분석

1번. 고객이 진행을 계속하는 데 필요할 수 있는 리소스에 대해서 질문하고 있다. 이는 고객의 자기 인식과 학습의 기회를 갖도록 돕지 못할 수 있다.

2번. 고객의 자기 인식과 행동의 진전을 인정하며 축하하는 것은 중요하지만, 이 상황에서 고객의 통찰력을 완전히 탐구하거나 학습을 적용할 수 있는 실용적인 방법을 고려하지 않고 세션을 마무리하기 때문에 최악의 답변이다.

3번. 고객이 새롭게 발견한 인식을 실제 직장에서 어떻게 실천할 수 있는지 고려하도록 하고 있다. 이것은 방해 습관에 대해 스스로 인식하도록 돕고, 고객의 성장과 통찰력을 구체적인 행동 변화로 전환하게 한다. 이것은 고객의 자기 성찰을 촉진하여 의식을 확장하고, 고객이 실용적인 전략을 개발하도록 지원하기 때문에 바람직하다.

4번. 고객의 방해 행동이 일어난 빈도에 초점을 맞추고 있다. 빈도에 초점을 맞추면 해결책에 집중하기보다는 평가에 집중하고, 문제에 집중하게 하는 것처럼 느껴질 수 있다.

(3) 최선의 답과 최악의 답변

최선의 답변: 3번

세션의 마무리 단계에서 고객이 나누고 탐색한 방법들, 깨달음 등을 정리하고 그 깨달음을 구체적인 행동으로 바꾸도록 돕는 것은 이상적인 방법이다.

최악의 답변: 2번

코칭에서 진전을 축하하는 것은 중요하지만, 그전에 고객이 세션을 통해 얻게 된 통찰을 탐구하고 실행계획을 세우는 등의 과정이 필요하다. 이러한 조치없이 세션을 마무리하면 성장과 변화의 기회를 놓칠 수 있다.

이 시나리오에서 고객은 자신의 커뮤니케이션 습관, 특히 다른 사람의 말을 방해하는 경향에 대해 점점 더 자각하고 있으므로 코치는 고객이 이러한 깨달음을 일과 삶에 적용하여 더욱 효과적으로 소통하도록 도울 필요가 있다. 이것은 고객의 자기 성찰을 촉진하여 의식을 확장하고, 고객이 실용적인 전략을 개발하도록 지원한다.

모의문제 4

고객은 재정적인 어려움을 해결하는 것을 코칭 목표로 세웠습니다. 그동안 고객은 이 목표를 이룰 수 있는 방법들을 찾았습니다. 재정적인 문제를 해결할 수 있도록 일자리도 변경했고 인생에 대한 새로운 활력도 얻었습니다. 그런데 다섯 번째 세션에서 고객은 그동안 무엇을 했는지 모르겠다고 말하며 혼란한 모습을 보였습니다. 코치는 고객이 진행 상황에 대한 관점을 잃었음을 감지합니다. 코치는 어떻게 해야 할까요?

1. 지금까지 변화된 것과 깨달은 것에 대해 생각해 보도록 고객에게 제안합니다.
2. 코칭 관계에서 지금까지 달성한 내용에 대해 고객에게 상기시킵니다.
3. 지금까지 달성한 모든 일의 목록을 작성하도록 고객에게 요청합니다.

4. 고객이 지금까지 어떻게 하고 있는지에 대한 코치의 생각을 이야기합니다.

(1) 문제 분석

이 시나리오는 고객의 '성장 촉진' 역량과 관련이 있다. 고객은 목표에 대한 진전이 있었음에도 불구하고, 스스로의 성과를 인식하지 못하고 혼란스러워 하는 상황이다. 이럴 때 코치의 역할은 고객이 자신의 발전 과정이나 상황에 대해서 성찰하고, 이를 기반으로 긍정적인 동기와 성장을 지속할 수 있도록 돕는 것이다. 코치는 고객이 이루어 온 성과를 인정하고, 이를 기반으로 목표 달성을 위한 긍정적인 에너지와 성장에 대한 열정을 지속적으로 유지하도록 도와야 한다.

(2) 답문 분석

1번. 지금까지 배운 내용과 그간의 변화에 대해 생각해 보도록 고객에게 제안하고 있는데, 이것은 고객이 스스로의 성과와 배운 점을 성찰하며, 자신의 발전 과정을 인식하도록 돕고 있다. 이는 고객이 자신의 발전을 스스로 돌아보게 하여 성장의 동기를 강화하므로 바람직하다.

2번. 코칭 관계에서 지금까지 달성한 내용에 대해 고객에게 상기시키지만, 고객이 스스로 성과를 탐구하고 깨닫도록 돕기보다는 코치가 정보를 제공하는 방식이어서, 고객의 자발적 인식 과정을 제한할 가능성이 있다.

3번. 지금까지 달성한 모든 일의 목록을 작성하도록 고객에게 요청하고 있는데, 이는 구체적인 작업을 요구하며 고객의 감정적 혼란을 충분히 다루지 않고 있다.

4번. 고객이 지금까지 어떻게 하고 있는지에 대한 코치의 견해를 말하고 있다. 이는 코칭의 핵심 원칙인 고객 중심적 접근이 아니며 고객의 내적 통찰을 방해하므로 바람직하지 않다.

(3) 최선의 답과 최악의 답변

최선의 답변: 1번

고객이 스스로 성과를 탐구하며 자신의 발전을 돌아보고, 이를 기반으로 성장 동기를 강화할 수 있도록 지원하고 있다. 고객의 자발적 성찰과 학습을 유도하여 지속적인 동기와 성장을 촉진한다.

최악의 답변: 4번

코치가 자신의 관점을 고객에게 전달하는 방식은 고객 중심적 접근에서 벗어나며, 고객의 자발적인 성찰과 성장 기회를 제한하고 코칭의 본질적인 원칙을 저해한다.

이 시나리오는 고객의 '성장 촉진' 역량을 평가하는 문제다. 고객이 자신의 성과를 명확히 인식하고, 이를 기반으로 긍정적인 동기와 지속적인 성장을 이루도록 돕는 역량을 평가한다. 코칭 세션에서는 고객이 자신의 성과를 스스로 돌아보고 인식함으로써 내적 동기와 학습을 통해 성장을 촉진할 수 있도록 해야 한다.

모의문제 5

고객은 사회적 활동을 더 늘리고 자신감을 키우고 싶어 하지만, 새로운 환경에 적응하는 것이 부담스럽다고 느낍니다. 이전 세션에서도 고객은 비슷한 고민을 나눴으며, 사람들과 소통하는 것이 어렵지만 동시에 더 많은 기회를 원한다고 말했습니다. 이번 세션에서도 같은 주제를 반복하자, 코치는 이 대화가 고객에게 실제로 어떤 도움이 될지 고민하게 됩니다.

그러나 대화를 이어가는 동안, 고객은 최근 지역 커뮤니티 모임에 참석하고, 관심 있는 분야의 교육 프로그램을 조사하고 있다고 말합니다. 코치는 고객이 실제로 행동에 나선 점에 놀라고 기쁨을 느낍니다. 이제 코치는 고객의 지속적인 성장을 촉진하기 위해 어떻게 하는 것이 좋을까요?

1. 고객이 고민해 왔던 사회적 활동과 소통에 있어서 진전이 있는 것을 축하합니다.
2. 진전에 대해 축하해주고, 이 진전을 유지하기 위해 필요한 기술이 무엇인지 물어봅니다.
3. 이렇게 개선이 되었는데 그래도 이 목표로 코칭을 지속해 가는 것이 맞는지 고객에게 물어봅니다.
4. 진전을 축하하고 이러한 결정을 하게 된 이유가 무엇인지 물어봅니다.

(1) 문제 분석

이 시나리오는 ICF의 코칭 핵심역량 중 '의식 확장(알아차림)'과 고객의 '성장 촉진' 역량에 관한 것이다. 성장 촉진은 고객이 목표를 달성하고 행동을 지속하도록 돕는 것이 중요하다. 이를 위해 코치는 고객의 성취를 인정하고, 지속적으로 성장해 갈 수 있도록 도와야 한다.

(2) 답문 분석

1번. 고객의 성과를 인정하고, 고객의 진전을 칭찬하고 있다. 따라서 적절하지만, 단순히 칭찬하는 것만으로는 성장 촉진이 충분히 이루어지지 않는다.

2번. 진전을 축하할 뿐만 아니라 고객이 앞으로도 지속적으로 성장할 수 있도록 실질적인 전략을 탐색하도록 돕는 것은 바람직하다.

3번. 유의미한 질문이지만, 성장을 촉진해야 할 상황에서 목표를 재검토하는 것은 바람직하지 않다.

4번. 진전을 축하하고 이러한 결정을 하게 된 이유가 무엇인지 물어보는 것은 고객이 스스로 동기를 인식하는 데 도움이 될 수 있지만, 구체적인 성장 촉진보다는 감정적인 측면에 초점이 맞춰져 있다.

(3) 최선의 답과 최악의 답변

최선의 답변: 2번

고객이 앞으로도 지속적으로 성장할 수 있도록 구체적인 전략을 탐색하는 것은 중요하다. 변화가 일어났다는 것을 인정하며 동기를 강화시키는 것도 중요하지만 나아가 이를 유지하고 발전시키기 위한 실질적인 대안을 찾도록 도전하는 것도 중요하다.

최악의 답변: 1번

고객의 성장을 인정하는 것은 중요하지만, 단순한 칭찬으로 끝나면 고객이 다음 단계로 나아가는 데 필요한 전략을 얻지 못한다.

코칭에서 성장을 촉진한다는 것은 단순히 고객의 변화나 성과를 인정하는 것에서 멈추는 것이 아니다. 진정한 성장 촉진은 고객이 지속적으로 발전할 수 있도록 돕는 것을 의미한다. 즉, 코치는 고객이 현재의 성취에 만족하고 머물러 있지 않도록, 더 깊이 있는 성찰과 새로운 도전을 시도할 수 있도록 격려하고 지원해야 한다. 성장 촉진을 효과적으로 하려면 고객이 스스로 변화하고 있다는 사실을 인식하고, 그 변화가 자신의 노력과 선택에서 비롯되었다는 점을 깨닫게 해야 한다. 그리고 고객이 변화하는 과정에서 어떤 전략이 효과적이었는지를 스스로 분석하게 해야 한다. 이어서 성장을 지속하기 위해 앞으로 무엇을 시도할지 구체적인 계획을 수립하도록 도와야 한다.

고객이 성장하는 과정은 단순히 '한 번의 도전'이 아니라, 지속적으로 자신을 개발해 나가는 과정이다. 코치는 단기적인 성과에 만족하지 않고, 고객이 계속해서 자신을 확장하고 성장할 수 있도록 격려하고, 구체적인 방법을 스스로 찾을 수 있도록 질문을 던져야 한다. 이러한 과정이 반복될 때, 고객은 더 큰 자신감을 얻고, 자신의 성장 여정을 스스로 주도할 수 있는 강한 내적 동기를 가지게 된다.

3부 실전 코칭 노하우와 마스터 코치의 길

5

코칭 대화 속에서
역량 찾아내기

1) 축어록에서 찾는 통찰력, 관점 전환, 대안 탐색

이 축어록의 목적은 실제 코칭 대화를 토대로 코칭 역량을 심층적으로 학습하고, 코치들이 실제 코칭 상황에서 ICF 코칭 핵심역량을 더욱 효과적으로 적용할 수 있도록 돕는 데 있다. 코치와 고객 간의 대화 내용을 기록한 이 축어록은 구체적인 사례를 통해 각 상황에 맞는 코칭의 원리와 기술을 이해하고, 여덟 가지 코칭 핵심역량의 실전 활용도를 높이는 데 도움을 준다.

PCC 과정을 공부하고 있거나 과정을 마친 코치들은 먼저 축어록을 읽고, 각 대화에서 활용된 ICF 코칭 핵심역량(예: 경청, 의식 확장, 합의 구축 및 유지 등)이 무엇인지 분석한다. 이를 통해 질문이나 코멘트가 어떤 특정 역량에 해당하는지, 대화의 흐름에서 어떤 효과를 발휘했는지를 파악한다. 그다음, 제공된 예제 질문 중 "최선의 답"과 "최악의 답"을 비교하며, 왜 특정 답변이 효과적인지 성찰한다. 마지막으로, 축어록의 고객 상황에 맞춰 자신만의 질문을 만들어보는 실습을 통해 실제 코칭에 적용할 수 있는 스킬을 체득한다.

이 과정의 효과는 코칭 대화의 핵심 요소를 분석하고, 코칭 역량이 고객에게 미치는 영향을 이해하는 것이다. 특히, 통찰력과 관점 전환, 대안 탐색과 같은 고급 코칭 스킬을 익힘으로써 고객의 생각과 행동 변화를 유도하는 데 필요한 실질적 역량을 강화할 수 있다. 또한, 축어록을 활용한 학습은 코치들에게 다양한 코칭 스타일과 접근법을 체험할 기회를 제공한다. 이러한 대화를 경험하면서 자신만의 코칭 스타일을 깊이 생각해 보고 더 탁월한 역량을 개발할 수 있다. 이러한 축어록 학습 경험은 코칭 역량을 체계적으로 연마하고, 고객의 성장과 변화를 돕는 탁월한 코치로 성장하도록 도와준다.

2) 직원과의 갈등 해결을 목표로 하는 경영자

코치 1 안녕하세요. 대표님.

고객 1 네, 안녕하세요.

코치 2 네, 그동안 어떻게 지내셨어요? 신뢰와 안전감 조성

고객 2 아… 요즘은 날씨도 선선해지고, 그래서 한결 괜찮네요.

코치 3 대표님의 목소리가 힘이 느껴지네요. 신뢰와 안전감 조성, 적극적 경청

고객 3 네, 감사합니다.

코치 4 무더위를 잘 견디신 것 같아요. 신뢰와 안전감 조성

고객 4 아유, 진짜 잘 견뎌왔다는 말이 맞네요. 네.

코치 5 그래서 오늘은 어떤 주제로 코칭 대화를 나누면 좋을까요? 합의 구 축 및 유지

고객 5 아 그래요. 코치님 마침 제가 만나면 좀 상의하고 싶은 게 있었는데요. 내가 인간관계 능력이 너무 안 되는 것 같아서 고민이 많아요. 인간관계 잘하는 방법을 좀 우리 코치님과 찾아보면 좋겠어요.

코치 6 대표님의 목소리에 인간관계에 대한 고민도 많지만 잘하고 싶어 하는 그런 느낌이 확 드는데요. 대표님에게 인간관계는 어떤 의 미가 있어요? 적극적 경청, 의식 확장

고객 6 제가 사업을 하니까 고객 관계도 잘해야 되고요. 또 직원들이 일 잘하게 하려면 직원 관계도 잘해야 되고, 또 가족이나 친구 관계 도 있는데, 제가 아무래도 다 잘하지 못하는 것 같아요. 그래서 그렇죠.

코치 7 오늘 어떤 부분에서 특별하게 좀 인간관계에 대해서 고민을 나누고 싶으세요? 합의 구축 및 유지

고객 7 제가 좀 패턴이 있는 것 같아요. 사람을 잘해주고 싶어서 잘해줄 때는 막 신나서 다 잘해줘요. 직원도 잘해주고, 고객도 잘해주고, 또 사람들한테 전화 걸어서 사랑해 주고 안부를 묻고 그러다가 또 어느 순간에 탈진되는 순간이 와요. 그러면 또 마음을 닫아버려요. 이게 좀 정상이 아닌 것 같아요. 제 생각에는 인간관계 전반에 걸쳐 방법에 문제가 있는 것 같다는 생각이 드는 거예요.

코치 8 잘 안될 때의 인간관계는 어떤 부분이고 잘 될 때는 또 어떤 부분이에요? 적극적 경청, 의식 확장

고객 8 잘 될 때는 왠지 막 만나고 싶고 대화해도 즐겁고 그분들도 나를 너무 존중해주고 오해가 없어요. 그렇다 보니 잘 통하는 느낌이 있는데, 안 될 때는 대화가 하기 싫고 전화도 하기 싫고. 그리고 내가 말을 잘 안 하고 그러니까 상대도 자꾸 저에 대해서 오해하고, 그런 현상들이 좀 대체적으로 나타나는 것 같아요.

코치 9 그럼 오늘 목표를 어떻게 정리해볼 수 있을까요?

고객 9 음… 인간관계를 잘하는 방법을 찾아서 인간관계에 자신감을 가지면 좋겠어요.

코치 10 아 네, 인간관계 잘해서 자신감 가지는 것이 목표이군요. 그 자신감이 아주 좋은 상태가 10점이라면 현재 상태는 몇 점이라고 할 수 있을까요? 합의 구축 및 유지

고객 10 아~ 인간관계는, 정말 마음의 오해나 부담감 없이 사람들을 잘 만나고 대화도 잘 통하는 상태가 10점이라고 하면 현재는 한 5점 같아요. 5점….

코치 11 아, 현재는 5점 되시는군요. 5점 상태는 어떤 상태인지 더 자세하게 말씀해 주실래요? 적극적 경청

고객 11 그러니까 뭐 정말 귀찮고 전화하기도 싫고, 말 많이 하고 싶지 않고, 누가 밥 먹자 그래도 나가기 싫고, 나도 또 밥 먹자, 그러기도 싫고 그냥 조용히 지내고 싶은 상태. 네, 그런 상태인 것 같은데, 사업하는 사람이 이런 식의 인간관계로는 사업하기 힘들 것 같아요. 그래서 걱정이 많아요.

코치 12 그러면 몇 점 정도 되면 사업을 좀 잘할 수 있는, 인간관계가 될 것 같아요? 합의 구축 및 유지

고객 12 아유, 그러니까 8점 이상 되면, 좀 그래도 무난하고 괜찮은 상태이지 않을까? 그런 생각이 드네요.

코치 13 8점요. 그럼 8점의 상태는 어떤 상태예요? 의식 확장, 합의 구축 및 유지

고객 13 그러니까, 아까 그 이상적인 상태에 가깝겠죠. 신나고 서로 인정하고 칭찬하면 깔깔 호호 웃고(웃음), 고객들도 제가 전화도 해드리고 그러면 너무 감사해하고, 또 우리 직원들도 제가 매일매일 격려하고 지지하고 잘했다고 칭찬하고 있고, 그러면 직원들도 '우리 대표님 최고야!'라고 저를 칭찬해주는, 이런 화기애애한 분위기요.

코치 14 8점 정도가 되면 대표님은 뭐가 좋아져요? 의식 확장, 합의 구축 및 유지

고객 14 아~ 네, 인생의 행복도가 좀 올라갈 것 같고요. 또 삶이 더 가치 있고 보람이 있을 것 같고요. 사업도 잘 될 것 같습니다.

코치 15 야, 그렇게 되면 좋겠네요. 적극적 경청

고객 15 네, 진짜예요. 아~ 정말 절실해요.

코치 16 혹시 그렇게 되는 데 있어서, 특별하게 대표님이 좀 인간관계가 어렵다고 느끼는 부분은 어떤 부분인가요? 의식 확장, 신뢰와 안전감 조성

고객 16 아~ 좀 고집이 있는 것 같아요. 뭐 사람들이 약간 조금 허풍스럽거나 약간 정직하지 않은 면이 보이면 마음이 그냥 확 닫혀버리는 거예요. 사실은 우리 직원들도 자꾸 뭐 실수하고 그랬는데도 감추고 또 속였다가 나중에 결국은 더 큰 데서 펑크가 나고 이런 일이 자주 일어나요. 그냥 빨리 밝혀서 서로가 펑크난 걸 빨리빨

리 대처하면 고객한테 컴플레인도 안 오고 손실도 안 갈 텐데…
자꾸 숨기고, 얘가 숨기면 쟤도 숨겨주고 서로서로 숨기고 그래
서 결국은 대형사고가 터지고 그러니까 너무 속상하고요. 그런
것을 보면 마음이 닫혀버리는 거예요. 그런데 고객은 괜찮아요.
고객은 정말 정직하거든요. 고객은 사실 문제가 없어요.

코치 17　음~ 그렇군요. 적극적 경청

고객 17　또 주변에 그런 사람들과도 좀 힘든 게 있어요. 이게 사업을 하
다 보면 사람들이 거짓말을 좀 잘해요. 사람들은 저 보고 결벽증
같다 이렇게 얘기하는 분도 있거든요. 근데 인간관계에서 정직
해야 하는 건 당연한 건데 왜들 그럴까? 난 이해가 안 된다고 생
각은 하는데, 아무튼 이런 걸로 어려움을 겪고 있습니다.

코치 18　제가 들어도 대표님은 아주 정직하고, 반듯하고, 다른 사람들에
대한 배려심 이런 것들이 굉장히 느껴지는데요. 대표님이 직원
들에게 궁극적으로 기대하는 것은 무엇인가요? 적극적 경청, 의식 확장,
신뢰와 안전감 조성

여기서 잠깐!
그러고 나서 고객이 다음과 같이 말했다면, '의식 확장' 역량으로 통
찰력을 발휘하도록 돕기 위해서는 무엇이라고 질문해야 할까요?

최선의 답 1개와 최악의 답 1개를 찾아보세요.

고객: 마치 '의심병이 도졌다.'라는 말처럼, 제가 직원들을 너무 의심하는 버릇이 생겨버린 것 같기도 해요. 의심하지 않으려고 하는데 멈추려고 할수록 더 힘드네요.

1. 코치: 그렇군요. 대표님께서 직원들을 볼 때 대표님 자신의 어떤 가치나 신념과 연결되어 있는 것 같으세요? (신뢰와 안전감, 의식 확장) → 최선의 답

2. 코치: 자신의 생각이 좀 정상적이지 않다고 느껴진다면, 정신과의 도움을 받아보는 것도 좋습니다. (오답)

3. 코치: 자기 자신을 병리화하지 말기를 바라요. 자신에게 병이 있다고 생각하는 것은 문제 해결에 도움이 되지 않습니다. → 최악의 답

4. 코치: 괜찮아요. 언젠가 의심하는 마음도 신뢰관계가 쌓이면 회복될거에요. (오답)

고객 18 직원들이 정직하기를 원하죠. 사실은 모든 기업의 대표들은요, 직원들이 정직하길 원해요. 저뿐만이 아니라 구글도 그렇고 애플도 그렇고 모든 사장들은 그렇거든요. 옛날에 엔론 사건처럼 직원이 뒤에서 술수를 부리고 부정을 저질러버리면 회사가 그냥 문 닫아버리는 일이 생길 수 있어요. 너무 위험하죠.

코치 19   그렇죠. 그런 걱정 이해돼요. 대표님의 좋은 철학이 직원들에게 잘 전달되면서 인간관계도 잘 되는 그런 방법은 뭐가 있을까요? 의식 확장

고객 19   바로 밑에 있는 리더들이 잘하면 될 것 같습니다. 제가 직원들과 직접 부딪치니까 이것이 큰 문제로 번지는 것 같아요. 그리고 대표가 욕을 먹어버리면 회사 이미지가 망쳐지니까 제가 직접 대하는 것은 위험해요. 리더들이 이중, 삼중으로 옆에서 해결하고, 뒤에서 해결하고, 위에서 해결해 줘서 저한테까지 넘어오지 않게 하는 것이 가장 중요해요. 저는 격려해 주는 상태로 있는 것이 좋아요. 리더들이 대처를 잘 해준다면 훨씬 관계가 좋아질 것 같아요.

코치 20   리더들이 중간자 역할을 좀 잘했으면 좋겠다는 생각이 있으시군요. 대표님이 인간관계를 더 부드럽게 하고 싶어한다고 생각이 드는데… 적극적 경청, 프레즌스 유지

고객 20   맞아요. 코치님, 우리 리더들이 나처럼 이렇게 책임감을 가지고 어떤 일이 벌어졌을 때 좀 적극적으로 대처해 주면 좋겠는데, 그것이 제대로 안 되니까 실상은 제가 피가 터지고 칼 맞으면서 직접 제가 하는 거예요.

코치 21   아유, 많이 힘드셨겠네요. 적극적 경청, 신뢰와 안전감 조성

여기서 잠깐!

그러고 나서 고객이 다음과 같이 말했다면, '의식 확장' 역량으로 관점 전환을 하도록 돕기 위해서는 어떻게 하면 좋을까요? 최선의 답 1개와 최악의 답 1개를 찾아보세요.

고객: 네, 네. 제가 항상 이렇게 당하기만 해서 속상해요. 이게 다 제가 어렸을 때부터 물러터지게 물에 물탄 듯 술에 술탄 듯 대충 살아와서 그런 가봐요.

1. 코치: 그렇게 느끼시는군요. 그렇게 대충 살아오는 대신 진짜 원하는 삶의 모습은 어떤 상태예요? → 최선의 답

2. 코치: 자신에 대해 부정적으로 생각하는 것은 도움이 안 됩니다. 부정적인 생각이 올라오지 않도록 노력해 보세요. → 최악의 답

3. 코치: 자신의 어린 시절부터 그런 습관이 있었군요. (오답)

4. 코치: 무언가 해결책을 찾아야겠네요. (오답)

고객21 네. 네.

코치22 그래도 기본적으로는 리더들을 자꾸 키우려고 하는 의도가 느껴지는데 어떻게 리더들을 잘 키우고 싶으세요? 적극적 경청, 프레즌스 유지 의식 확장

고객 22 아~ 글쎄, 말이에요. 리더 키우는 능력도 제가 또 더 개발해야 될 부분인 것 같아요. 내가 신경 쓰는 만큼 리더들도 내 맘처럼 할 수 있도록 만든다면 저는 이제 욕먹을 일이 하나도 없을 것 같습니다.

코치 23 대표님이 사람을 도울 때와 정직하지 않은 사람에 대해서 마음을 닫을 때를 비유로 표현해 본다면 뭐가 떠오르세요?

고객 23 음… 사람을 도울 때는 따뜻한 태양 같고, 관계를 끊을 때는 차가운 바람 같아요.

코치 24 아, 따뜻한 태양과 차가운 바람.

고객 24 네~

코치 25 오늘 말씀을 들어보니까 굉장히 인간관계를 잘하고 싶어하는 열정이 느껴졌어요. 이런 마음을 가지고 인간관계를 앞으로 더 잘하기 위해서 실행할 수 있는 방법이 있다면 무엇이 될까요? 고객의 성장 촉진

고객 25 그러니까 오늘 한 이야기 중에 제가 정말 규칙으로 세워서 꼭 지켜야 될 게 몇 가지 있어요. 리더들에게 그 책임을 어디까지 질 것인가? 그리고 직원들 관리를 스스로 어떻게 할 것인가에 대한 경계와 지침을 명확하게 만들어서 훈련하는 것은 꼭 해야 될 것

같아요.

코치 26 와~ 멋지네요! ^{프레즌스 유지 신뢰와 안전감 조성}

고객 26 그래요. 코치님 덕분입니다.

코치 27 네, 대표님도 아주 지혜롭습니다. ^{신뢰와 안전감 조성 적극적 경청}

고객 27 네. 그리고 또 하나는 불쌍하고 도와주어야 될 사람이 있을 때 회사로 데려오는 것은 금지하고 그 사람에게 자원이나 또는 도와줄 게 있으면 도와주면서 그 사람이 자기에게 맞는 직업을 갖거나 아니면 내가 도와줄 수 있는 견지 내에서만 도와주고 손 빼는 것이지요. 경계선을 좀 명확히 해서 도와주는 기준을 세워 놓으면 좋을 것 같아요.

코치 28 사람을 돕는 기준을 세운다. ^{적극적 경청}

고객 28 네.

코치 29 야, 그거 좋네요. 또 있다면? ^{프레즌스 유지 의식 확장}

고객 29 그리고 또 하나 아주 중요한 건데 사람에 대한 불신, 배반에 대한 불신, 또 거짓말이나 정직하지 않을 것 같다는 불신, 이런 것들이 좀 깊이 있었는데, 오늘 '아~ 그런 생각 때문에 자꾸 관계가 어려웠구나.' 그런 걸 깨닫게 되었어요. 그래서 관계를 할 때는 그냥 믿고, 의심하지 않고 만나서 대화하면 인간관계도 좀 좋아질 것 같아요.

코치 30 네, 멋지네요. 아까 대표님이 말한 태양의 따뜻함과 차가운 바람이 밸런스 있게 인간관계에 연결되는 것 같네요. 그렇게 연결을 하니까 대표님의 인간에 대한 가치를 명확하게 이해할 수 있네요. 오늘 처음 시작할 때 5점에서 8점 정도 간다면 만족하신다고 하셨는데 지금은 몇 점 정도 되세요? 프레즌스 유지 의식 확장

고객 30 진짜 마음도 후련하구요. 많은 대안책이 생겨서 한 8~9점 정도 된 것 같아요.

여기서 잠깐!

그러고 나서 고객이 다음과 같이 말했다면, '의식 확장' 역량을 발휘하기 위해서는 무엇이라고 답해야 할까요? 최선의 답 1개와 최악의 답 1개를 찾아보세요.

고객: 하지만 8점 정도라고 해도, 제가 여전히 완벽한 경영자는 아니라는 생각이 드네요. 저는 여전히 자신에게 만족하지 못하겠어요.

1. 코치: 만족하시니 다행이에요. 이제 코칭을 마무리해 볼까요? (오답)
2. 코치: 리더의 책임 설정과 직원관리의 지침을 정하는 것으로 이미 충분히 많은 노력을 하셨어요. 자신을 짓누르게 하는 죄책감을

갖지 마세요. → 최악의 답

3. 코치: 만약 대표님이 현재의 8점에서 10점을 만들기 위해 2점을 더 올리려면, 어떤 전략이 필요할까요? → 최선의 답

4. 코치: 스스로에게 좋은 평가를 내리시는 것 같아요. 긍정적인 태도가 좋네요. (오답)

코치 31   오, 대박이네요. 적극적 경청

고객 31   너무 감사합니다!

코치 32   오늘 과정을 통해서 뭔가 새롭게 배운 것이 있다면 어떤 것들이에요? 의식 확장, 고객의 성장 촉진

고객 32   아~ 제가 제 안에 두려움이 참 많았다. 저는 아까 그 두려움이 있었다는 것을 발견한 것이 굉장히 큰 확장이 일어난 것 같아요. 왜 두려워하나? 두려워할 일이 아닌데, 인간에 대한 두려움이, 그래서 이제 두려움을 없앨 수 있을 거 같아요.

코치 33   아, 훌륭하십니다! 네, 대표님이 인간관계 말씀을 나누면서 특별히 깨달은 게 있다면 어떤 것들이 있을까요? 의식 확장, 고객의 성장 촉진

고객 33   역시 인간관계는 쉽지 않다. 그래서 내가 이렇게 두려워하고 고민하고 했던 것이 잘못된 건 아니고. 누구라도 다 이 정도 고민

은 할 것 같다. 제가 회사라든지 고객, 가정, 이런 인간관계에 있어서 햇빛과 바람을 적절하게 사용하면 굉장히 후회 없는 그런 인간관계를 할 것 같다는 자신감이 올라왔어요.

코치 34 와~ 너무 멋져요! 오늘 인간관계에 대한 말씀을 주셨는데요. 이 인간관계에 대해서 현실에서 적용해 보고 싶다면 어떤 부분들이 있을까요? 고객의 성장 촉진

고객 34 직원을 잘 관리할 수 있도록 리더들에게 지침을 주고 그것을 잘 실행할 수 있도록 코칭 해주고 멘토링도 해줘야겠어요. 마음을 다시 회복해 다시 사람들을 신뢰해야겠어요.

코치 35 너무 좋은 말인 것 같아요. 코칭과 멘토링해 주고 신뢰해 주고…. 적극적 경청

고객 35 네. 네.

코치 36 맞아요. 그리고 직원들을 잘 관리하고 코칭, 멘토링하고, 친절하게 가이드하고, 응원 지지하면서 태양과 바람이 조화를 이루어서 구체적인 실천 계획이 나온 것 같아요. 축하드립니다! 적극적 경청, 신뢰와 안전감 조성, 고객의 성장 촉진

고객 36 네.

코치 37 이제 대표님이 인간관계를 잘할 수 있도록 도와줄 수 있는 어떤 환경들이 있을까요? 고객의 성장 촉진

고객 37 그러네요. 아무래도 회사에서 늘 얼굴을 8시간 이상 보는 이사님에게 나의 심정도 얘기하고 계획에 대한 나의 생각도 공유도 해서 이분이 좀 오른팔이 되어서 나를 잘 도와주도록 부탁을 드리면 좋을 것 같아요.

코치 38 멋지네요! 대표님의 그 승승장구가 기대됩니다. 대표님이 이런 실행을 하는데 좀 방해 요인이 있다면 어떤 것들이 있을까요? 적극적 경청, 고객의 성장 촉진

고객 38 거짓말하는 사람, 허풍치는 사람, 사기꾼 같은 사람을 만나면 또 위축될 것 같아요. 확 내가 움츠러들어서 인간관계에 대해서 위축될 수 있기 때문에 그런 사람을 보더라도 그럴 수 있다, 이런 사람도 있고 저런 사람도 있다, 그냥 그렇게 받아들이고 너무 과잉 반응하지 않도록 하면 될 것 같아요.

코치 39 그런 사람이 있더라도 위축되지 않고 피하지 않고 그럴 수 있다. 받아들인다? 적극적 경청

고객 39 네, 네.

코치 40 오늘 저와 인간관계에 대한 전체 과정에 대해서 많은 이야기를

나누었는데 새롭게 느끼신 부분은 뭐가 있을까요? 의식 확장, 고객의

성장 촉진

고객 40 아~ 많이 느꼈죠. 인간관계에 대한 왠지 모를 두려움, 복잡함,

또 회피, 저항, 머~ 이런 것들이 굉장히 힘들었는데 오늘 코치

님과 대화하면서 제 안에 어떤 것이 있었는지 좀 제가 알게 된

것 같아요. 이제 앞으로는 조금 더 명료하게 인간관계를 잘할 수

있을 것 같다는 자신감이 생겼어요.

코치 41 네, 너무너무 축하드려요. 신뢰와 안전감 조성, 고객의 성장 촉진

고객 41 감사합니다.

코치 42 대표님 조금 시간이 남았는데 혹시 또 어떤 얘기를 좀 더 나누

면 좋을까요? 고객의 성장 촉진

고객 42 정말 충분히 다 한 것 같아요. 오늘 제가 마음이 좀 후련해지고,

직원들하고 이제 앞으로 좀 개선된 관계로 만날 생각을 하니까

기대도 돼요. 너무 감사합니다!

코치 43 네, 저도 너무 감사드리고요. 멋진 대표님의 모습을 볼 수 있어

좋았고 앞으로 리더로서의 지속적인 성장도 기대하겠습니다. 신

뢰와 안전감 조성, 고객의 성장 촉진

고객 43 아~ 네, 감사합니다.

3) 승진을 목표로 하는 고객

코치1 팀장님, 안녕하세요.

고객1 네, 안녕하세요.

코치2 팀장님 요즘 컨디션이 어떠신지요? 신뢰와 안전감 조성

고객2 네, 요즘 아주 스트레스가 많아요. 올해는 승진해야 되는데 올해
도 이상하게 승진에 대한 어떤 통지가 없어서 제가 걱정이 요즘
많은 편이에요.

코치3 그렇군요. 승진 일로 걱정이 많으시군요. 적극적 경청

고객3 맞아요.

코치4 그럼, 지금 그것에 대해서는 어떻게 되기를 원하세요. 의식 확장

고객4 이번에 승진이 안 되면 그냥 회사 그만둘까 해요. 승진을 하기
위해서 내가 뭔가 좀 해야 될 게 있을 것 같기는 한데, 열심히 일
을 하면 알아줄 줄 알았는데 근데 몰라주는 것 같아요. 그래서
또 뭔가 다른 일을 뭘 해야 되나 이렇게 고민도 되고 어떤 노력
을 해야 도대체 승진이 될까, 이제 이런 것에 대해서 고민이 좀
많아서요. 하여튼 뭐 승진이 돼야 해요, 저는.

코치5 아~ 그런 승진에 대한 고민이 있으시네요. 네, 어떤 마음인지는 좀 알 것 같아요. 음, 그러면 오늘은 어떤 주제로 코칭을 하면 좋을까요? 합의 구축 및 유지

고객5 네, 이게 요즘 저의 주된 고민이니까, 승진 문제에 대해서 해결점이나 방법을 찾고 싶습니다.

코치6 그렇군요. 그러면 지금 승진이 우리 팀장님한테는 어떤 의미가 있을까요? 의식 확장, 합의 구축 및 유지

고객6 네, 우리 회사는 기계 만드는 회사인데요. 기계가 요즘 좀 실적이 안 좋긴 해요. 지금 AI로 돌아가고 또 자동화되면서 기계들이 많이 바뀌고 있거든요. 그리고 또 로봇으로 기계들이 대체되고 그러니까 기계 매출이 떨어지고 있어요. 새로운 기계 개발도 하고 있고 좀 하기는 하는데 개발하는 데 시간이 많이 걸려요. 근데 저야 로봇을 만들거나 기계 만드는 게 아니라 행정 업무니까 뭐 직접적으로 제 위치가 위협되는 것은 아니에요. 그래서 염려는 없긴 한데. 그냥 몇 년째 제가 승진 대상자인데 승진이 안 되고 자꾸 제외가 돼서. 그냥 올해 안 되면 회사 관둔다. 뭐 이런 마음으로 좀 있는 거예요.

코치7 아, 지금 그런 상태시군요. 적극적 경청

고객7 승진을 위해서 제가 좀 뭘 해야 되는 건지… 내부에 상의할 사람

도 없고. 그래서 저는 이제 코치님과 좀 이 부분에 대해서 브레인스토밍도 하고 또 제 자신도 좀 돌아보고. 내가 뭘 준비를 해야 되나? 이런 것에 대해서 좀 상의하고 싶어요.

코치 8 아~ 팀장님의 그런 고민이 저에게도 전해지는 것 같아요. ^{적극적}
경청, 프레즌스 유지

고객 8 음~ 네, 같이 입사한 사람들이 이제 동료들이나 이런 사람들은 다 승진하는데 나만 남아 있으니까. 정말 그만둬야 되나? 뭐 정말 이런 생각이 계속 드는 거예요. 그리고 우리 구성원들에게도 좀 창피하죠. 제가 또 못하는 거는 없는데 자꾸만 승진에서 누락되니까. 그게 아주 큰 스트레스가 되어서 우울해요.

여기서 잠깐!

그러고 나서 고객이 다음과 같이 말했다면, '신뢰와 안전감' 역량을 발휘하기 위해서는 무엇이라고 답해야 할까요? 최선의 답 1개와 최악의 답 1개를 찾아보세요.

고객: 이렇게 승진 누락이 계속되다 보니 일과 사람들과의 관계에서도 자신감이 떨어지고 미래에 대한 불안감이 커요.

1. 코치: 아, 승진 때문에 고민이시군요. 고객의 현재의 상태와 미래

에 대한 불안감에 대해서 공감한다. → 최선의 답

2. 코치: 승진 누락이 되어서 정말 마음 아프시겠어요. 승진이 안되는 이유는 뭘까요? (오답)

3. 코치: 승진 누락을 누군가의 고의적이고 의도적인 행동으로 생각하는 것은, 일종의 망상일 수 있습니다. → 최악의 답

4. 코치: 승진 누락이라고 표현했는데, 조금 다른 언어로 표현해보면 어떨까요? (오답)

코치 9 그리고 창피하고 또 불편하고 그렇단 말을 하셨는데 그 말을 하실 때 어떤 마음이 드셨어요? 의식 확장

고객 9 진짜 좀 답답하고 음~ 자괴감도 들고… 근데 이제 이게 사실 급료에는 큰 차이가 없는데 명예의 문제예요. 명예. 부하들 볼 때도 같은 나이에 들어온 다른 분들 승진했는데 나만 못하니까. 제가 얼굴도 좀 우울하고 또 가족한테도 좀 미안해요. 음~ 가족들도 올해는 승진하겠지 하는 그런 기대들이 있는데, 그래서 승진해서 가족들도 기쁘게 해주고 그러고 싶어요.

코치 10 그러니까 승진에 대해서 실망감도 있고 답답한 마음도 있고 그러시네요. 적극적 경청, 신뢰와 안전감 조성

고객 10 네, 지금 회사에서 일하는데 무슨 특별한 문제가 있는 건 아니에

요. 이 회사는 아주 굉장히 안정적이고 또 사장님과 임원들도 좀 온화하고 직원들도 서로 존중하고 그런 문화가 있어서 다니기에는 무난하고 좋은 회사죠.

코치 11 네, 그렇네요. 음~ 그러면 오늘 해결하고 싶은 것을 목표로 간략하게 어떻게 요약해볼 수 있을까요? 목표 합의

고객 11 네, 승진하는 전략 찾기? 방법 찾기? 아, 승진하는 방법 찾기로 하면 좋을 것 같습니다.

코치 12 방법을 찾고 싶으세요? 합의 구축 및 유지
고객 12 네, 네,

여기서 잠깐!

그러고 나서 고객이 다음과 같이 말했다면, '의식 확장' 역량을 발휘하기 위해서는 무엇이라고 답해야 할까요? 최선의 답 1개와 최악의 답 1개를 찾아보세요.

고객: 제가 당장 떠오르는 방법이 없거든요. 저는 임원들과의 관계는 되게 좋게 유지하고 있고요, 회사 내에서도 제가 만능해결사라서 회사가 저 없이는 안 돌아가요. 뭐를 더 해야 할지 막막하네요.

3부 실전 코칭 노하우와 마스터 코치의 길

1. 코치: 구체적으로 어떤 부분에서 회사에 만능해결사라고 생각하세요? (오답)

2. 코치: 자기 자신에 대해 객관화가 중요해요. 승진이 안 된다는 건 하나의 시그널인데, 할 수 있는 걸 다 했다고 보기는 어렵겠죠. → 최악의 답

3. 코치: 만능해결사 같은 탁월한 직원에게 사장님은 회사 발전을 위해 위해서 무엇을 더 해주기를 원하실까요? → 최선의 답

4. 코치: 현재 승진에 필요한 자원을 0점에서 10점 사이로 표현한다면 몇 점일까요?(오답)

코치13　네, 만약 그 방법을 잘 찾으면 우리 팀장님께는 어떤 상태가 될 까요? 의식 확장, 고객의 성장 촉진

고객13　그냥, 어… 인정받았다, 정말 실력자다, 이 회사에서는 없어서는 안 될 중요한 리더다, 이런 이야기를 듣고 싶구요. 저도 그전보다 일에 대한 열정도 더 커질 것 같아요. 책임도 커지고 또 더 많은 일을 하면 또 뿌듯한, 그런 날들을 보내고 있을 것 같아요.

코치14　지금 팀장님의 직위가 사무행정팀장이라고 말씀하셨는데, 승진한 이후에는 또 어떤 역할과 어떤 생산성을 더 만들어낼 수 있을 까요? 적극적 경청, 의식 확장

고객14 아~ 예, 저는 사실은요, 우리가 전국에 지부들이 있는데요. 저는 지방이라도 본부장이 되고 싶어요. 어느 지역 하나를 몽땅 맡아버리니까 매출부터 영업과 경영 전반을 책임지게 되는 거죠. 그래서 마치 내 회사 하나를 운영하는 것 같은 그런 역량과 환경이 주어지기 때문에, 그런 책임을 지고 멋진 결과를 만들어내고 싶어요.

코치15 네, 그런 책임을 지고 싶어 하시는데, 그렇다면 오늘 세션에서는 무엇을 얻으면 이 세션이 끝날 때 만족스러우시겠어요? 합의 구축 및 유지

고객15 네, 그럼 승진해서 하여튼 지금 우선은 승진하는 게 더 중요하니까 승진하는 방법 좀 몇 가지 찾으면 좋겠습니다.

코치16 몇 가지라고 하셨는데 한 몇 가지 정도 찾으시면 만족하실까요? 합의 구축 및 유지

고객16 음~ 세 가지 이상이요.

코치17 아, 세 가지 이상 찾는 것이요? 합의 구축 및 유지

고객17 네.

코치18 그러면 그 방법을 찾는 것을 위해서 해결해야 될 것이 있다면 무

엇이 있을까요? ^{합의 구축 및 유지}

고객 18 해결해야 될 거라면 노력이죠. 노력이 부족한 것 같아요. 제가 생각은 많이 하는데….

코치 19 그 노력이라는 게 어떤 노력이죠? ^{의식 확장}

고객 19 제가 승진하는 것에 대해서 생각만 하고 노력을 안 했으니까 뭔가 방법을 좀 찾아서 노력을 좀 많이 해야 될 것 같아요. 또 저보다 일 잘하고 저보다 사장님 눈에 더 잘 띄는 사람들, 관계도 아주 기가 막히게 잘하는 그런 사람들이 있으면 제가 안 되잖아요. 그러니까 이런저런 거에 대해서 다 좀 분석해서 어떻게 하면 승진할 수 있을지 연구하고 그리고 노력해야 될 것 같아요.

여기서 잠깐!

그러고 나서 고객이 다음과 같이 말했다면, '적극적 경청' 역량을 발휘하기 위해서는 무엇이라고 답해야 할까요? 최선의 답 1개와 최악의 답 1개를 찾아보세요.

고객: 하~ 그렇긴 한데 머리에 떠오르는 게 잘 없네요. 제가 승진해야겠다는 생각에 너무 오래 집착한 것 같기도 해요. 자꾸 집착하니까 완벽주의에 갇혀서 노력이 더 어려워지는 것 같아요. 코치는 고객이 이야기하면서 머리와 시선이 바닥으로 떨어지고 목소리도 힘

이 빠진다는 것을 느낀다.

1. 코치: 고객님께서 승진의 목표를 위해 업무를 완벽하게 해야 한다는 집착에 빠지셨군요.(오답)
2. 코치: 집착도 긍정적으로 보면 집념이 될 수 있어요. 자신의 강점이라고 할 수 있죠. (오답)
3. 코치: 지금 머리와 시선이 바닥으로 떨어지고 목소리도 힘이 빠진 것을 알아채셨어요? → 최악의 답
4. 코치: 승진에 대한 집착이 완벽주의로 이어져 노력이 더 어려워진다고 느끼시는군요. 지금 그런 것을 생각하면서 어떤 감정이 느껴지세요? → 최선의 답

코치 20 그럼 이런 생각들이 승진을 하는데 어떤 영향을 미치고 있을까요? 의식 확장

고객 20 제가 생각은 많이 하고 걱정은 많이 하는데 실질적으로 뭔가 액션을 취하고 있지는 않으니까 사장님이나 주변 사람들이 제 생각처럼 제가 본부장이 될 만한 능력이 있다는 것을 모르고 있을 거 같아요.

코치 21 좀전에 "승진은 안 되겠죠."라고 하면서 목소리에 힘과 에너지

가 뚝 떨어지는 게 저에게 느껴졌어요. 그 말씀을 하실 때 우리 팀장님 마음 속에 어떤 느낌이 드셨을까요? 적극적 경청, 의식 확장, 프레 즌스 유지

고객 21 그 말씀을 들으니, 그러면서 저를 들여다봤더니 승진이 안 될 거라는 부정적인 암시가 제 안에 있는 것 같네요.

코치 22 그런 부정적인 암시라고 하셨는데, 그 내면에 나를 제한하는 그 부정적인 암시를 주는 신념의 뿌리가 있다면 뭘까요? 의식 확장

고객 22 신념의 뿌리요? 음~ 아, 생각해 보니까, 어릴 때부터 학교에서 성적이 안 좋아서 중상위권에 늘 머물러 있었거든요. 근데 부모 님은 늘 저에게 1등 한번 해보라면서 마치 우스갯소리처럼 가볍게 가끔 말씀하셨어요. 근데 그게 늘 저에겐 스트레스였죠. 성적 만 생각하면 마음이 항상 무거웠던 생각이 나요. 부모님이 원하는 대로 잘되지 않아서 항상 부담이 되고 또 죄송한 마음이 있었어요. 근데 지금 그 생각이 딱 나는 거예요. 이 회사에서의 승진에 대해서도 그런 부담감, 그런 스트레스가 반복적으로 좀 들면서 압박이 느껴지고 그러면 또 자신감이 떨어지고 그랬던 것 같네요.

코치 23 승진을 생각하면 예전에 성적이랑 또 연관이 돼서 압박감도 느끼고 자신감도 떨어지고 그러네요. 음~ 그러면 그런 압박감이

나 승진이라는 문제가 아예 전혀 없다고 한다면, 자신은 어떤 모습의 사람인가요? 적극적 경청, 의식 확장

고객 23 저는 정말 이 회사를 좋아하고 일하는 것이 보람이 있어요. 그래서 구성원들에게도 잘해주고 모두 다 사이가 좋아요. 그래서 사람들은 저에게 이런 저런 부탁을 많이 해요. 저랑 있으면 편안하다, 또 일을 신뢰있게 한다고 이렇게 칭찬을 많이 해요. 그래서 사람들이 저를 "예스맨"이라고 부른 적도 있어요.

코치 24 와 그런 멋지신 분이시네요. 예스맨이요? 정말 사람들한테 친절하고 또 따뜻한 분이시군요. 적극적 경청, 신뢰와 안전감 조성

고객 24 네.

코치 25 지금 회사에서 존경하고 따르고 싶은 분이 있다면 누가 생각나세요? 신뢰와 안전감 조성

고객 25 우리 상무님이요.

코치 26 오~ 상무님이요? 그러면 그 상무님은 승진에 대해서 뭐라고 말씀을 하실까요? 고객의 성장 촉진, 의식 확장

고객 26 네, 조금 더 적극적으로 자기표현을 하라고 하실 것 같아요. 사실은 제가 사람들에게 잘해 주긴 하지만 회의 때나 의사결정할 때는 좀 제가 결단력이나 스피드가 떨어지는 편이에요. 그래서

위에 리더분들이 볼 때는 불안해 보일 거라고 생각이 돼요. 상무님이 그런 것에 대해서 좀 걱정하시고 과감하게 의사표현을 하라고 실력을 올리라고 말한 적이 있어요.

코치 27   오, 그렇게 말해주시는 좋은 상사가 계시네요. 네, 그러면 그분의 조언도 참고해서 또 승진에 도움이 되는 방법을 찾아본다면 어떤 게 떠오르세요? 고객의 성장 촉진, 의식 확장

고객 27   네, 좋은 상사죠. 우리 상무님. 저에게는 늘 배려심 있게 대해주시고 저를 걱정해 주셨죠. 그분의 말대로 제가 좀 자기표현을 적극적으로 할 필요가 있습니다. 제가 생각은 깊이 하는 대신에 말을 자신 있게 못하고 또 신중하고 너무 조심하는 성격이죠.

코치 28   우리 팀장님이 신중하고 조심스러운 성격이시군요. 그러면 말씀하신 대로 자기표현을 어떻게 하면 좀 더 적극적으로 할 수 있을까요? 적극적 경청, 고객의 성장 촉진

고객 28   네, 제가 좀 늘 생각하던 건데… 생각나면 바로 말하는 거예요. 일단은 내 생각을 바로 표현하고 잘못된 것은 수정하면 되니까. 너무 완벽하게 하려고 하지 말고 빨리 표현하는 것 그게 좀 도움이 될 것 같아요.

코치 29   아~ 생각을 빨리 표현하는 거요? 오~ 네, 그러면 승진을 위해

서 또 중요한 방법은 뭐가 있을까요? _{적극적 경청, 고객의 성장 촉진}

고객 29 예, 제가 우리 부서와는 아주 친한데 다른 부서나 다른 리더들에 겐 좀 너무 소통을 안 했던 것 같아요. 상사와 다른 부서 사람들 과도 자주 교류하고 또 도와줄 것이 없는지 물어봐서 도와주는 기회를 만들어 "내가 필요한 사람이다." 그런 인상을 사람들에 게 심어 주는 노력이 필요한 거 같아요.

코치 30 아~ 정말 필요한 일인 것 같네요. 그러면 회사에서 그동안 승진 과는 별개로 인정받고 성공했던 경험이 있다면 어떤 게 있어요? 적극적 경청, 의식 확장

고객 30 제가 사무행정을 하니까 이런 사무나 행정 관리할 일이 생기면 어~ 제가 먼저 나서서 해결하고 좀 굉장히 치밀한 분석이 필요 할 때가 많은데, 다른 사람보다 제가 좀 그런 걸 잘 하니까 저의 감이나 또 아주 치밀하게 일 처리하는 것 때문에 위기를 넘긴 적 도 있고요. 그럴 때 좀 사장님한테도 칭찬받고, 주변 사람들한테 제 덕분에 잘 해결됐다. 이런 이야기 많이 들었어요.

코치 31 어우, 그 말씀을 들으니 "예스맨"으로 불릴 정도로 사람들에게 친절하기도 하지만 치밀한 부분도 강하시군요. 적극적 경청, 프레즌스 유지 신뢰와 안전감

고객 31 네.

코치 32 그럼, 팀장님. 오늘 코칭 전반적인 세션에서 우리 팀장님에게 유익이 있었다면 어떤 게 있었을까요? 의식 확장

고객 32 코치님, 오늘 별 기대는 안 했었는데 하다가 제가 이렇게 열정과 동기가 좀 살아나고, 또 처음에는 승진 안 되면 회사 그만둔다는 그 기분만 가지고 시작을 했는데요.

코치 33 네. 적극적 경청

고객 33 지금은 함께 동고동락하고 살아온 회사가 위기에 있으니까 빨리 몸과 마음을 다해 회사를 살려야 되겠다는 그런 마음이 더 생겼어요.

코치 34 와~ 대단하십니다. 우리 팀장님의 탁월하신 성찰을 축하드립니다. 그리고 저도 정말 응원합니다. 그래서 우리 팀장님을 통해서 회사가 새롭게 성장하기를 또 저도 뒤에서 계속 응원하도록 하겠습니다. 고객의 성장 촉진

고객 34 아~ 네, 감사합니다.

코치 35 그래서 지금 시간이 조금 남아있는데요. 어떤 부분을 더 나누면 알차게 마무리를 할 수 있을까요? 적극적 경청 코칭 마인드셋

고객 35 아~ 코치님께 정말 감사드리고 싶어요. 제가 다양한 생각을 하게 해서 현재 정말 해야 될 것이 무엇인지 깨닫게 해주셔서 진짜

감사합니다. 그동안 승진에만 집중돼서 사실은 마음도 좀 집중이 안 되고 일에도 몰입이 안 됐던 것이 있었는데, 제가 오늘 이야기를 나누면서 내가 마음 관리를 너무 잘못하고 있었구나 하는 것을 깨달았어요. 또 이 회사에서 해야 할 일을 또 명확하게 정리하니까 오히려 좀 마음이 편해졌고요. 또 옛날에 그 열심히 하던 그 열정이 다시 살아나는 것 같아요.

코치 36 와~ 팀장님의 통찰을 진짜 진심으로 축하드려요. 회사를 향한 책임감, 리더십, 그리고 또한 리더들을 존중하는 그런 마음들도 들으면서 정말 감동적이었어요. 오늘 정리한 행동 계획들을 잘 실행하시면 친절한 "예스맨"이기도 하지만 동시에 추진력도 뛰어난 "추진가"라는 말도 들으실 수 있을 것 같아요. 저도 계속 우리 팀장님을 지지하고 또 응원하도록 하겠습니다. 신뢰와 안전감 조성, 프레즌스 유지, 고객의 성장 촉진

고객 36 아~ 네, 고맙습니다. 코치님.

코치 37 아~ 네, 힘내세요!

고객 37 네, 네.

6

전문 코치의 마인드
⑧ 코칭 마인드셋

코칭 마인드셋은 단순한 기술이나 기법을 넘어, 진정한 프로 코치가 갖춰야 할 핵심 태도다. ICF의 핵심역량 중 하나로 명시된 이 마인드셋은 나머지 7가지 코칭 스킬이 체화되고 자연스럽게 발휘될 때 비로소 확립된다. 그렇기 때문에 코칭 마인드셋이 제대로 자리 잡은 코치는 이미 PCC 수준의 프로 코치이며, 이 마인드셋이 깊이 내면화될수록 마스터 코치의 길로 들어서고 있다고 볼 수 있다.

코칭 마인드셋이 자리 잡은 코치의 특징은 무엇인가? 이 마인드셋을 갖춘 코치는 단순히 코칭을 수행하는 사람이 아니라, 코칭 자체를 살아가는 사람이다. 그들의 사고방식, 태도, 질문 방식, 듣는 방식은 자연스럽게 고객의 성장을 촉진하며, 대화를 통해 고객이 본질적인 변화를 경험하도록 돕는다. 코칭 마인드셋이 몸에 배어 있는 코치는 다음과 같은 특징을 보인다.

첫째, 고객의 가능성을 신뢰하고 존중한다. 진정한 프로 코치는 고객이 스스로 답을 찾고 해결할 수 있는 역량을 가지고 있다고 믿는다. 초보 코치들은 종종 고객을 돕겠다는 마음에서 조언을 주거나 해결책을 제시하려 하지만, 마스터 코치는 고객 스스로 깊은 통찰을 얻고 해결책을 발견할 수 있도록 이끈다. 그들은 "고객이 답을 가지고 있다."라는 신념을 바탕으로 열린 질문을 던지고, 고객이 자기 신뢰를 키울 수 있도록 돕는다.

둘째, 판단을 배제하고 열린 사고를 유지한다. 코칭 마인드셋이 강한 코치는 고객을 평가하거나 판단하지 않는다. 그들은 특정 상황을 보고 "이건 잘못됐어."라고 단정 짓지 않고, "어떤 가능성이 있을까?", "이 상황에서 배울 점은 무엇일까?"와 같은 열린 질문을 던진다. 이를 통해 고객이 자신의 사고방식을 확장하고, 스스로 해결책을 발견할 수 있도록 유도한다.

셋째, 자신의 한계를 인식하고 지속적으로 성장한다. PCC 수준의 프로 코치는 자신의 사고방식과 코칭 스타일을 지속적으로 점검한다. 특정 유형의 고객을 코칭할 때 어려움을 느끼거나, 동일한 패턴을 반복하는 경우가 있다면, 그 원인을 분석하고 피드백을 받아들이는 열린 태도를 가진다. 그들은 자신이 모든 것을 알지 못하며, 언제나 배우고 성장할 수 있다는 점을 인정한다. 이러한 자기 점검과 성찰이 지속될 때, 마스터 코치의 길로 나아갈 수 있다.

넷째, 자연스럽게 프레즌스를 유지하며 고객을 온전히 존중한다. 코칭 마인드셋이 내면화된 코치는 대화 중 자신을 드러내려 하지 않는다. 고객이 이야기할 때 진심으로 듣고, 조언을 주거나 자신의 의견을 덧붙이기보다는 고객이 더 깊이 탐색할 수 있도록 돕는다. 이들은 고객과의 코칭 대화 속에서 완전히 몰입하며, 순간순간 최적의 개입을 한다. 이 자연스러운 프레즌스는 코칭이 단순한 스킬이 아니라, 코치의 존재 방식이 되어가고 있다는 증거다.

결국, 마스터 코치란 코칭 마인드셋이 자연스럽게 발현되는 사람이다. PCC 수준에서 코칭 마인드셋이 제대로 자리 잡았다면, 그 코치는 이미 진정한 프로 코치라고 할 수 있다. 그리고 이 마인드셋이 더욱 깊이 내면화되어 고객과의 대화 속에서 자연스럽게 나타날 때, 그 코치는 마스터 코치의 단계에 접어든 것이다. 마스터 코치는 단순히 기술적으로 뛰어난 코치가 아니라, 고객의 성장을 이끄는 본질적인 태도를 갖춘 전문가다.

코칭 마인드셋이 자리 잡았다는 것은, 코칭이 단순한 직업이 아니라 삶의 일부가 되었다는 것을 의미한다. 코칭을 수행하는 것이 아니라, 코칭적 존재 방식으로 살아가는 것. 이것이야말로 마스터 코치가 갖추어야 할 가장 중요한 요소다.

3장

마스터 코치로
성장하는 길

1

자격마다 수준의
차이가 뭐예요

1) 왜 역량을 지속적으로 개발해야 하나

우리는 지금까지 ICF 시험 문제 풀이를 통해 PCC 수준의 역량을 단단히 정비하고 탄탄한 토대를 마련했다. 이제 코치로서 자연스럽게 떠오르는 질문이 있다. "다음 단계는 무엇일까?" 코칭의 길은 여기서 끝이 아니다. 더 깊은 성찰과 도전을 통해 자신의 실력과 역량을 한 단계 더 끌어올리는 여정이 기다리고 있다. 이제, 그다음 발걸음을 내디뎌볼 준비가 되었는가?

코칭을 배우고 역량을 개발하는 많은 사람들이 ACC, PCC, MCC의 차이에 대해서 궁금해한다. 이 세 수준의 차이는 단순히 시험 합격을 위한 기준이 아니라, 고객을 지원하고 이끄는 방식의 깊이와 접근 방식에서 뚜렷하게 드러난다. ICF 코칭연맹에서 제시하는 코칭 스킬은 단 한 가지다. 이 한 가지 스킬을 토대로 ACC, PCC, MCC 수준의 역량을 개발하는 것이다. 즉, 자격 단계는 달라도 스킬은 모두 같은 것을 학습한다는 것이다. 그런데 세 가지의 수준의 차이를 구분하는 기준은 "그 스킬을 얼마나 체화하고 능숙하게 사용하는가"이다. 스킬을 잘 이해하고 체화하여 고객을 코칭할 때에 ACC, PCC, MCC 수준으로 역량을 발휘하게 되는 것이다. 그 역량이란 ACC는 100시간, PCC는 500시간, MCC는 2,500시간의 고객 코칭 경험을 요하는 것이다. 이 최소한의 시간을 충족하면 그 수준의 역량을 발휘할 수 있다고 인정하는 것이 바로 자격시험이다. 여기서 필기시험은 한 번만 합격하면 그다음 수준에서는 면제가 된다. 필기시험에 대해서는 본 책 전체를 통해서 자세하게 분석하고 이해하였으므로 여기서는 세 가지 자격 단계마다 코칭 역량의 차이가 무엇인지 구분해 보도록 한다.

(1) ACC: 코칭의 기초를 이해하는 단계

ACC(Associate Certified Coach)는 코칭 여정의 첫 단계로, 코칭의 기본기를 다지고 초기 성과를 도출하는 데 초점이 맞춰져 있다. ACC 수준의 코칭은 고객이 처음으로 변화의 경험을 하고, 작은 성공을 통해 자신감을 얻도록 돕는다.

· 초점: 신뢰 구축, 고객의 초기 목표 설정, 작고 실행 가능한 행동 계획 수립.

· 효과: 고객은 초기 변화와 성취를 경험하며, 코칭에 대한 신뢰와 동기를 얻는다.

ACC 수준의 코칭은 신뢰와 성취감을 바탕으로 고객이 코칭 여정을 지속할 수 있도록 돕는다. 이를 통해 고객은 작은 성취를 통해 자신감을 얻고, 더 큰 목표를 향한 기반을 마련한다. 예를 들어, 고객이 처음으로 업무의 작은 부분을 개선했을 때, ACC 코치는 이 성취를 인정하고 이를 기반으로 더 큰 목표로 나아가도록 동기를 부여한다.

(2) PCC: 솔루션을 도출하는 전문 코치 단계

PCC(Professional Certified Coach)는 고객의 명확한 목표 설정과 이를 달성하기 위한 실질적인 실행 계획을 중점으로 한다. PCC 코칭은 구체적인 문제 해결과 단기적인 성과 도출을 통해 고객의 자신감을 강화한다.

· 초점: 구체적인 목표 설정, 실행 가능한 행동 계획 수립, 실질적인 문제 해결.

· 효과: 고객은 명확한 목표를 설정하고, 이를 실행하며 단기적인 성과와 변화를 경험한다.

PCC 수준의 코칭은 고객이 구체적인 변화를 경험하고, 이를 통해 장기적인 성장의 기반을 마련하도록 돕는다. 예를 들어, 고객이 새로운 업무 프로젝트를 성공적으로 완료했다면, PCC 코치는 이 경험을 바탕으로 고객이 더 큰 도전을 계획하고 실행하도록 지원한다. 이 과정에서 고객은 문제 해결 능력과 자원 활용 능력을 강화한다.

(3) MCC: 내적·외적으로 근본적인 변화 도출

MCC(Master Certified Coach)는 고객의 내면 깊숙한 곳에 있는 신념, 가치, 삶의 목적을 탐구하며, 고객이 자신의 본질적인 욕구와 잠재력을 발견하도록 돕는다. MCC 코칭은 표면적인 문제 해결을 넘어 근본적인 변화를 이끌어 낸다.

· 초점: 고객의 신념과 가치 탐구, 근본적인 통찰, 장기적인 성장과 변화.

· 효과: 고객은 자신만의 삶의 의미와 방향을 발견하고, 지속 가능한 변화를 경험한다.

MCC 수준의 코칭은 고객이 자신의 내면과 삶의 방향을 깊이 탐구하도록 돕는다. 예를 들어, 고객이 자신의 경력 목표를 단순히 승진에서 더 큰 삶의 가치와 연결 지었다면, MCC 코치는 이를 통해 고객이 장기적인 삶의 비전을 실현할 수 있도록 안내한다. 고객은 이 과정에서 지속 가능한 성장과 깊은 만족감을 얻게 된다.

(4) ACC, PCC, MCC의 연속성과 통합

ACC, PCC, MCC는 단순히 별개의 코칭 단계가 아니라, 서로 유기적으로 연결된 성장 여정이다. ACC는 코칭의 기초를 다지고, PCC는 실행과 성과를 중심으로 한 실질적인 변화를 이끌며, MCC는 고객의 내면 세계를 탐구하여 근본적인 변화를 지원한다.

각 단계는 고객의 상황과 필요에 맞는 맞춤형 접근 방식을 제공하며, 전문 코치로서 지속적인 성장을 가능하게 한다. ACC 수준에서는 고객이 첫발을 내디딜 수 있도록 돕고, PCC 수준에서는 구체적인 성과를 통해 자신감을 쌓으며, MCC 수준에서는 고객의 삶 전체에 걸친 깊은 변화를 이끌어낸다.

코칭의 진정한 가치는 고객이 자신의 잠재력을 극대화하고, 삶의 모든 영역에서 깊이 있는 변화를 경험하도록 돕는 데 있다. 전문 코치로서의 여정은 끝없는 학습과 성찰의 과정이며, 고객의 삶에 진정한 변화를 이끄는 데 기여하는 의미 있는 여정이다.

이 장에서는 PCC와 MCC 수준의 차이를 친절한 설명과 역량별 질문 예시를 통해 이해하도록 한다. 이를 통해 코치들은 두 수준의 차이를 확인하고, PCC 수준을 넘어 MCC 수준으로 발전하기 위한 통찰을 얻을 수 있다.

2) ACC를 넘어서 PCC 역량으로

(1) ACC 역량의 수준

ACC 수준의 코칭은 코칭 여정의 첫걸음을 내딛는 단계로, 고객이 자신의 현재 상태와 목표를 명확히 이해하고 이를 기반으로 초기 변화를 이끌어내는 데 중점을 둔다. ACC는 코칭의 기본 원리를 습득하고, 고객과의 신뢰를 쌓으며, 작은 성공 경험을 쌓아나가며 코치로서의 자신감을 형성하는 과정이다.

- 목표: 고객이 현재 문제를 인식하고, 이를 해결하기 위한 기초적인 행동을 실행하도록 돕는다.
- 초점: 문제의 정의, 간단한 실행 계획, 초기 행동 변화
- 결과: 고객은 현재 상태를 명확히 이해하고, 실질적이고 실행 가능한 작은 목표를 설정하며 초기적인 변화를 경험한다.

ACC 수준에서는 고객이 자신의 문제를 명확히 정의하고, 이를 해결하기 위한 첫 단계를 실행할 수 있도록 돕는 것이 가장 중요하다. 이 과정에

서 고객은 자신의 상황을 객관적으로 분석하고, 실행 가능한 행동을 설정하며, 작은 성취감을 경험함으로써 지속적인 변화를 향한 동기를 형성하게 된다. 이를 통해 코칭 과정에 대한 신뢰와 몰입도가 높아지며, 점진적으로 더 큰 목표를 향해 나아갈 수 있는 기반을 다진다.

(2) ACC의 주요 특징

· 고객이 자신의 문제를 정의하도록 돕는다.

· 실행 가능성이 높은 행동 계획을 함께 수립한다.

· 고객의 작은 변화를 인정하며 성취 동기를 강화한다.

· 신뢰를 바탕으로 고객이 자신의 감정을 편안하게 표현할 수 있도록 환경을 조성한다.

· 현실적인 접근 방식을 통해 고객이 코칭을 실질적인 변화를 위한 도구로 활용하도록 돕는다.

ACC 코칭에서는 단순한 목표 설정을 넘어, 고객이 자신의 행동을 조정하고 지속적인 발전을 이루도록 돕는 것이 핵심이다. 이를 위해 코치는 고객이 도전적인 목표를 설정하는 것이 아니라, 현재 상태에서 부담 없이 실행할 수 있는 작은 목표부터 시작하도록 안내해야 한다. 이러한 접근 방식은 고객이 실패의 부담 없이 자연스럽게 변화의 흐름을 경험하도록 하며, 긍정적인 경험을 통해 장기적인 코칭 효과를 극대화하는 역할을 한다.

(3) ACC 코칭의 필수 요소

· 목표 명확화: 고객이 자신의 현재 상태를 이해하고, 원하는 결과를 정의하
  도록 돕는다.

  예: "지금 가장 먼저 해결하고 싶은 이슈는 무엇인가요?"

· 행동 계획 수립: 간단하면서도 실행 가능한 첫걸음을 찾는다.

  예: "이 목표를 달성하기 위해 첫 번째로 어떤 행동을 시작할 수 있을까요?"

· 작은 성공 경험 강화: 초기 단계에서의 성공을 인정하고 동기를 부여한다.

  예: "지난 세션에서 약속한 실행 계획을 이행하여 진전이 있었던 것을 축하
  합니다. 이번에 한발 더 앞으로 나가기 위해 할 수 있는 것은 무엇인가요?"

· 신뢰 형성: 고객과의 신뢰 관계를 구축하며, 코칭 환경에서 안전감을 제공
  한다.

  예: "어떤 상태에서 편안하게 자신을 표현할 수 있나요?"

· 자기 효능감 강화: 고객이 스스로 문제를 해결할 수 있는 역량을 갖추도록
  지원한다.

  예: "이전에 비슷한 문제를 해결했던 경험이 있나요? 그때 어떤 전략이 효
  과적이었나요?"

ACC 코칭은 고객이 자신의 역량을 발견하고 작은 행동 변화를 통해 성
장할 수 있도록 돕는 것이 핵심이다. 이를 통해 고객은 자신의 문제 해결
능력을 신뢰하고, 코칭을 통해 더 나은 방향으로 나아갈 수 있다는 확신을
얻게 된다.

(4) ACC가 일반 고객을 코칭할 때 나타나는 효과

ACC 코칭은 고객이 스스로의 문제를 이해하고 이를 해결하기 위한 첫걸음을 내딛게 한다. 일반 고객의 경우, ACC 코칭을 통해 다음과 같은 효과를 경험할 수 있다.

· 자신감 형성: 작은 목표를 설정하고 이를 달성하면서 자신감을 얻는다.
· 문제 해결 능력 강화: 문제를 구체적으로 정의하고 해결 방향을 탐색하는 능력을 기른다.
· 목표 설정 기술 개발: 실행 가능한 작은 목표를 세우고 이를 달성하는 과정을 통해 목표 설정 기술을 익힌다.
· 성취감과 동기 부여: 초기 성공 경험을 통해 고객은 코칭 과정에 대한 긍정적인 인식을 갖게 된다.
· 자기주도적 태도 형성: 고객이 스스로 해결 방안을 찾고 실행하도록 돕는다.

(5) ACC와 PCC 코칭의 차이점

PCC 수준의 코칭은 고객의 현재 상황을 넘어 보다 명확한 목표를 설정하고, 이를 달성하기 위한 실질적인 실행 계획을 수립하는 데 중점을 둔다. 이는 고객의 문제 해결 능력을 강화하고, 단기적인 성과와 실질적인 변화를 이끌어낸다.

ACC 코칭의 기초는 단순하지만 강력하다. 이는 고객이 작은 성공 경험을 통해 자신감을 얻고, 더 큰 목표를 향해 나아가는 디딤돌 역할을 한다. 초기 코칭 단계에서의 신뢰 구축과 작은 변화를 통한 성취감은 고객이 코칭 여정을 지속하도록 하는 데 필수적이다.

반면, PCC 코칭은 ACC에서 시작된 성과를 기반으로 확장된 전략과 실행력을 제공한다. 고객이 보다 복잡한 문제를 다루도록 돕고, 현재의 한계를 극복하고 더 큰 결과를 향해 도전하도록 한다. 이를 위해 관점 전환, 강력한 질문, 자기성찰과 깨달음 촉진 등을 통해 의식을 확장하며, 실제적인 변화와 성장이 일어나도록 강력하게 돕는다.

ACC는 고객이 작은 실행으로 시작하여 변화를 향한 첫걸음을 내딛게 하고, PCC는 고객이 의식을 확장하여 자신의 한계를 넘어서 변화하며, 더 큰 목표에 도전하도록 지원한다. 코치는 각 수준에서 고객의 필요를 정확히 파악하고, 적절한 접근 방식을 통해 고객이 성장할 수 있도록 돕는 것이 중요하다.

3) PCC를 넘어서 MCC 역량으로

PCC와 MCC는 코칭의 깊이와 초점에서 뚜렷한 차이를 보이며, 각각의 수준은 코치가 고객과 함께 달성할 수 있는 결과의 범위를 정의한다. 아래에서는 두 수준의 핵심역량과 질문의 차이를 구체적으로 살펴본다.

(1) PCC의 역량과 핵심

PCC 수준의 코칭은 고객의 현재 상황을 기반으로 명확한 목표를 설정하고, 이를 달성하기 위한 실질적이고 실행 가능한 방법을 찾는 데 중점을 둔다. 이는 고객이 당면한 문제를 현실적으로 해결하고, 실행 가능한 변화를 이루도록 돕는 과정이다. 단기적 성과에 초점을 맞추지만, 이를 통해 장기적인 변화의 기반을 마련한다.

- 목표: 고객이 현실적인 문제를 해결하고, 실질적 변화를 이루도록 돕는다.
- 초점: 구체적인 행동 계획, 실질적인 실행, 문제 해결을 위한 전략.
- 결과: 고객은 명확한 목표를 세우고, 이를 달성하기 위해 필요한 자원과 단계를 실행하며 실질적인 변화를 경험한다.

PCC 질문의 특징은 행동과 목표에 집중하여 현실적이고 구체적이며 실행 가능한 계획을 도출하는 데 있다. 전반적으로 문제 해결을 위한 명확한 전략을 세우는 데 맞춰진다.

PCC 질문 예시

- "이 문제를 해결하기 위해 어떤 단계를 먼저 실행하면 좋을까요?"
- "이 목표를 달성하려면 어떤 자원이나 도움이 필요할까요?"
- "지금 가장 시급히 해결해야 할 문제는 무엇인가요?"
- "이 목표를 이루기 위해 오늘 당장 시작할 수 있는 일이 무엇일까요?"

PCC 코칭의 특징

PCC는 실행 중심의 코칭으로, 고객이 당면한 문제를 구체적으로 정의하고 실질적인 행동 계획을 수립하도록 돕는다. 이를 통해 고객은 명확한 방향성을 가지고 행동하며, 단기적인 성공 경험을 통해 코칭의 효과를 체감할 수 있다. 동시에 이러한 성과는 고객이 더 장기적이고 근본적인 변화로 나아갈 수 있는 기반을 형성한다.

(2) MCC의 역량과 핵심

MCC 수준의 코칭은 고객의 내면 깊숙한 곳에 있는 신념, 가치, 삶의 목적을 탐구하며, 고객이 자신의 본질적인 욕구와 잠재력을 발견하도록 돕는다. 이는 고객의 표면적인 목표를 넘어 근본적인 변화를 이끄는 과정이다.

- 목표: 고객이 표면적인 목표를 넘어, 삶의 더 큰 방향성과 본질적인 변화를 이해하고 실행하도록 돕는다.
- 초점: 고객의 신념과 가치 탐구, 근본적인 통찰, 장기적인 성장과 변화를 이끄는 과정.
- 결과: 고객은 자신만의 삶의 의미와 방향을 발견하고, 더 큰 성취감과 지속가능한 변화를 경험한다.

MCC 질문의 특징은 고객의 내면 세계를 탐구하고, 표면적인 문제를 넘어서는 깊은 통찰을 이끌어내는 데 있다. 전반적으로 의식을 확장하여 고객이 자신의 삶과 목표를 새로운 관점에서 바라보도록 돕는다.

MCC 질문 예시

- "이 목표가 당신의 삶 전체에서 어떤 의미를 가지나요?"
- "이 상황에서 당신의 가치와 신념은 어떻게 작용하고 있나요?"

- "이 경험이 당신의 삶에 어떤 방향성을 제시하고 있나요?"
- "지금 이 순간, 이 문제를 통해 무엇을 배우고 성장할 수 있을까요?"

MCC 코칭의 특징

MCC는 고객의 내면 세계를 탐구하며, 표면적인 문제 해결을 넘어 고객의 가치와 삶의 목적에 대한 깊은 통찰을 이끌어낸다. 이를 통해 고객은 자신의 본질적인 욕구와 잠재력을 발견하고, 장기적인 변화를 이루는 데 초점을 맞춘다.

PCC와 MCC의 차이점

PCC는 실행과 단기적 변화를 통해 고객이 목표를 명확히 하고 행동하도록 돕는 데 중점을 둔다. 이는 고객이 코칭 과정에서 실질적인 결과를 빠르게 체감하고, 장기적인 변화로 나아갈 수 있는 기반을 제공한다. 반면 MCC는 고객의 내면 세계를 깊이 탐구하여 삶의 목적과 방향성을 발견하고 근본적인 성장을 이끄는 데 초점을 맞춘다.

PCC는 행동 중심의 접근 방식으로 고객의 목표 달성을 돕는 데 강점을 가지며, MCC는 고객의 본질적인 변화와 성장을 이끄는 데 강력한 도구로 작용한다. 이 두 수준은 각기 다른 필요와 상황에 맞게 고객에게 최적의 코칭을 제공하는 역할을 한다.

결론적으로, PCC와 MCC는 각각 다른 초점과 깊이를 가지고 고객의 성장과 변화를 지원하며, 두 수준 모두 고객의 삶에 의미 있는 변화를 이끌어내는 데 기여한다. 코치는 각 수준의 차이를 이해하고, 상황과 고객의 필요에 맞는 접근 방식을 선택하는 것이 중요하다.

(3) PCC와 MCC의 역량의 비교

다음의 역량의 수준을 비교하며 각 역량의 차이를 이해하도록 한다. 단, 윤리는 이 부분에서는 다루지 않는다.

① 코칭 마인드셋(Coaching Mindset)

· PCC: PCC 코치는 코칭에 필요한 기본적인 마인드셋을 갖추고 있다. 고객을 지원하기 위해 자기인식과 자기관리를 하며, 코칭 관계에서 발생하는 이슈를 객관적으로 해결하려 노력한다. 이 과정에서 코치는 자신의 역할과 경계를 명확히 하고, 자신의 신념이 코칭 과정에 영향을 미치지 않도록 주의해야 한다.

· MCC: MCC 코치는 코칭에 대해 더욱 깊이 성찰하는 태도를 가지고 있다. 코치는 자신에 관해 깊이 성찰하고 자신의 상황을 잘 인식하고 수용한다. 또한 코칭 과정에서 발생하는 모든 감정과 경험을 수용하여 고객의 진정한 변화를 이끌어낼 뿐 아니라, 자신의 내적 감정과 생각을 투명하게 드러내어 고객의 자기 성찰을 촉진한다. MCC 코치는 상황에 구애받지 않고, 고객의 성장을 최우선으로 여긴다.

② 합의 구축 및 유지

· PCC: PCC 코치는 고객과 명확한 코칭 계약을 체결하고 구체적인 목표를 설

정하여 코칭의 방향을 명확히 한다. 목표가 변경되거나 새로운 필요가 생길 경우 코칭 계약을 조정하며 고객과 합의한다.

PCC 수준의 질문

· "오늘 세션에서 이루고 싶은 구체적인 목표는 무엇인가요?"

· "이 목표를 달성했을 때, 어떤 변화를 기대하고 계십니까?"

· "이 목표의 의미는 무엇인가요?"

· MCC: MCC 코치는 고객과 공동 창조적인 관계를 형성한다. 목표를 설정하되, 그 목표를 통해 고객이 자신의 삶 전체에 걸친 깊은 통찰을 얻고 지속가능한 변화를 만들어내도록 돕는다. MCC 코치는 코칭 세션에 있어서 정해진 틀을 넘어 유연하게 대응하며, 고객의 욕구나 주제가 자유롭게 바뀌어도 자연스럽게 흐름을 이끌며 깊은 탐구와 통찰을 가지고 맞추어 나간다.

MCC 수준의 질문

· "이 목표가 당신의 삶 전체에 어떤 영향을 미칠 수 있을까요?"

· "목표를 다 이룬 상태는 어떤 모습일까요?"

· "이 목표를 이루는 것이 당신의 가치나 사명과 어떻게 연결되나요?"

③ 신뢰와 안전감 조성

· PCC: PCC 코치는 고객과 신뢰를 형성하고 친밀감을 조성하여 안전한 코칭

환경을 만든다. 코치는 솔직하게 대화하며, 고객이 편안하게 자신의 생각과 감정을 표현할 수 있도록 배려한다. 이 과정에서 코치는 고객이 불편해하는 부분을 알아차리고 이를 조율한다.

PCC 수준의 질문

· "이 목표를 향해 나아가는 과정에서 어떤 지원이 필요하신가요?"

· "어떤 가치를 소중히 여기시나요?"

· "어떤 상황에서 가장 솔직하고 편안함을 느끼시나요?"

· MCC: MCC 코치는 고객과의 진정한 신뢰를 통해 훨씬 더 깊이 있는 관계를 형성한다. 고객이 자신의 깊은 내면을 탐구하고 표현할 수 있는 공간을 마련하여, 고객이 코칭 중 진정한 내적 변화를 경험할 수 있도록 돕는다. MCC 코치는 단순한 신뢰 형성을 넘어 고객이 자신을 자유롭게 표현할 수 있도록 지지하며, 고객이 자신의 생각과 감정뿐 아니라 삶의 가치와 신념까지 탐구할 수 있는 환경을 제공한다.

MCC 수준의 질문

· "지금 제가 어떻게 도움을 드리면 더 편안하고 행복할까요?"

· "당신이 가장 중요하게 생각하는 가치는 무엇인가요? 자신에게 힘을 주는 긍정적인 확언은 무엇인가요?"

· "자신의 속마음을 솔직하고 자유롭게 표현해도 판단 없이 지지해 주는 사람

은 누구인가요?"

④ 프레즌스 유지

· PCC: PCC 코치는 고객과의 대화에 전적으로 몰입하고, 현재 순간에 집중하여 고객과의 소통을 이어간다. 적극적인 자세로 고객의 말을 적극적으로 경청하며, 필요할 때 적절한 피드백을 제공한다.

PCC 수준의 질문

· "현재 이 순간에 가장 집중하고 싶은 것은 무엇인가요?"
· "이 문제를 바라볼 때 어떤 느낌이 드시나요?"
· "이 상황에서 가장 중요한 것은 무엇인가요?"

· MCC: MCC 코치는 매 순간에 온전히 존재함으로써 고객이 내면 깊은 곳에서 통찰을 발견하도록 돕는다. 코치의 존재감은 단순한 몰입을 넘어, 고객이 자유롭게 자신의 감정과 경험을 탐구하도록 자극하는 촉매 역할을 한다. MCC 코치는 고객과 에너지를 공유하고, 고요하지만 강력한 존재감을 발휘하여 고객이 매 순간 편안하게 머물도록 돕는다.

MCC 수준의 질문

· "이 순간, 마음 깊이에서 떠오르는 생각이나 감정은 무엇인가요?"
· "지금 이 순간의 느낌이 당신에게 어떤 새로운 통찰을 주나요?"

· "당신의 내면의 상태를 깊이 들여다보면 이 상황이 어떻게 다르게 보이나요?"

⑤ 적극적 경청

· PCC: PCC 코치는 고객의 말과 감정을 이해하고 이를 반영하여 대화를 이어 간다. 고객의 언어와 비언어적 표현을 파악하고 다음 질문을 통해 대화를 발전시킨다.

PCC 수준의 질문

· "방금 하신 말씀에서 가장 중요한 부분은 무엇이라고 생각하시나요?"
· "이 상황에서 느껴지는 주요 감정은 무엇인가요?"
· "방금 아래를 바라보며 한숨을 쉬셨는데 그것은 무엇을 의미하나요?"

· MCC: MCC 코치는 고객의 말 뒤에 숨겨진 미묘한 감정, 신념, 가치까지도 깊이 경청한다. 고객이 언어로 표현하지 않은 부분까지 포착해 고객의 말 속에 담긴 의미와 의도를 파악하여 적절하게 반응한다. MCC 코치는 단순히 듣는 것을 넘어 고객의 깊은 내면과 삶 전체를 맥락적으로 이해함으로써, 최종적으로 고객이 깊은 통찰을 얻을 수 있도록 돕는다.

MCC 수준의 질문

· "방금 표현하신 감정이 당신에게 어떤 의미를 주나요?"
· "지금 하신 이야기를 통해 드러나는 깊은 바람은 무엇인가요?"

· "당신이 표현하지 못하는 감정이 있다면, 그것은 어떤 모습일까요?"

⑥ 의식 확장

· PCC: PCC 코치는 고객이 현재 상황과 문제에 대한 명확한 인식을 갖도록 돕
고, 다양한 선택지를 탐색하며 삶의 가능성을 확장할 수 있도록 돕는다. 질
문은 주로 목표를 명확하게 하거나 목표를 이루기 위한 다양한 대안을 탐
색하고 명료화하도록 촉진한다.

PCC 수준의 질문

· "이 문제에 대해 생각하는 방식을 조금 다르게 본다면, 어떤 점이 보일까요?"
· "다양한 관점에서 본다면 어떤 가능성이 있을까요?"
· "이 문제를 해결하기 위해 필요한 자원이나 지원은 무엇인가요?"

· MCC: MCC 코치는 고객이 이전에는 인지하지 못했던 부분까지 의식을 확
장하여, 자신의 생각과 행동 패턴을 재구성하도록 돕는다. MCC 코치의 질
문은 단순한 대안 탐색을 넘어 고객의 존재와 삶에 대해 새로운 관점을 취
하고 변화를 경험하며, 성장 가능한 최적의 답을 찾도록 돕는다. 이를 통해
고객이 평소에 접근하지 못했던 감정이나 깊은 신념을 탐구하도록 이끌 수
있다. MCC 코치의 질문은 고객의 내면을 훤히 들여다보듯 정확하게 핵심을
꿰뚫고, 놀라운 깨달음과 영감을 주는 통찰력이 있다.

MCC 수준의 질문

· "이 상황을 통해 지금까지 인식하지 못했던 부분은 무엇인가요?"

· "당신이 가진 깊은 신념이나 가치가 이 상황에 어떤 영향을 주고 있나요?"

· "지금의 선택이 당신의 삶에 장기적으로 어떤 변화를 가져올 수 있을까요?"

⑦ 고객의 성장 촉진

· PCC: PCC 코치의 질문은 고객이 현실적이고 실행 가능한 행동 계획을 세우
도록 돕고, 이를 실행할 수 있는 코치-고객간 상호책임 환경을 설계한다. 이
를 통해 고객이 일과 삶에서 점진적이고 행동적인 변화를 경험하도록 지원
한다.

PCC 수준의 질문

· "이 목표를 달성하기 위해 무엇을 실행하면 좋을까요?

· "지금 할 수 있는 구체적인 행동은 무엇인가요?"

· "이 실행 계획이 잘 진행되도록 어떤 조치를 취하면 좋을까요?"

· MCC: MCC 코치는 고객이 목표를 이루려고 하는 진정한 의도와 가치를 인
식하도록 돕고, 새로운 시각으로 자신과 환경을 바라보며 장기적 관점에서
삶의 목적과 방향을 향해 나아가도록 강력하게 동기부여한다. 또한, 고객의
본질적인 가치와 일치하는 행동을 효과적으로 설계하고, 이를 바탕으로 고
객 스스로 확실하고 지속적인 변화를 만들어 가도록 돕는다.

MCC 수준의 질문

· "이 세션을 통해 얻은 깨달음을 생활에서 실천한다면 무엇을 해보시겠어요?"

· "이 실행 계획을 지속적으로 이행하면 당신에게 어떤 변화가 일어날까요?"

· "이 실행 계획이 잘 이행되어 목표를 달성하면 가장 하고 싶은 것이 무엇인

 가요?"

3부   실전 코칭 노하우와 마스터 코치의 길

2

코칭의 고수,
MCC에 도전하기

1) 코치의 가치를 높여주는 길

MCC는 코치로서 진정한 변화와 성장을 이루고, 코치 가치를 높이며 사명을 완수하는 확실한 길이다. MCC에 도전하는 것은 고객의 삶에 더 큰 영향을 미칠 수 있는 코치로 거듭나는 여정이다. 이 과정을 통해 코치는 자신의 한계를 넘어서는 성장을 경험하고, 인간개발의 통합적인 대안을 이끌어내는 역량을 발휘하게 된다.

PCC는 구체적인 문제 해결과 실질적인 변화를 목표로 하지만, MCC는 이를 넘어 고객의 내면 깊숙한 곳을 탐구한다. MCC 코치는 고객의 신념, 가치, 삶의 목적까지 들여다보며, 장기적이고 본질적인 변화를 이끌어낸다. MCC 코치가 된다는 것은 고객이 단순히 문제를 해결하는 것이 아니라, 삶의 방향성을 새롭게 발견하고 진정한 잠재력을 발휘하도록 돕는다는 것을 의미한다.

MCC 코치는 고객이 스스로 인지하지 못했던 맹점을 깨닫고, 삶의 본질적인 목적과 연결되도록 돕는다. 이 과정에서 고객은 표면적인 목표를 넘어 삶의 큰 목적을 향해 용기 있게 나아갈 수 있다. 고객이 코칭 션을 통해 더 깊은 통찰과 만족감을 느끼도록 하는 것은 MCC 코치만이 줄 수 있는 특별한 가치다. MCC 코칭은 단순한 성과 이상으로 고객의 삶 전체에 변화를 일으키는 도구다.

2) 코치 자신도 성장하는 과정

MCC에 도전하는 과정은 단순히 기술을 연마하는 것을 넘어, 코치 자신이 깊은 내적 성장을 경험하는 여정이다. MCC는 코치로서의 자기 인식, 내면의 통찰, 그리고 고객과의 관계에서의 존재감을 한 단계 끌어올리는 과정을 요구한다. 이 과정에서 코치는 자신의 신념과 가치, 그리고 코칭의 본질을 다시 탐구하며 진정한 변화를 경험하게 된다.

MCC 코치는 자신의 신념과 가치가 코칭에 어떻게 반영되는지를 깊이 들여다보게 한다. 코치는 자신의 강점과 약점뿐만 아니라, 고객의 성장을 저해할 수 있는 자신만의 고정 관념을 직시해야 한다. 이를 통해 더욱 유연하고 개방적인 코칭이 가능해진다.

고객과의 관계도 단순히 문제 해결을 지원하는 것을 넘어, 더 깊은 신뢰와 공감의 관계로 발전해야 한다. 코치는 고객과의 세션 중 자신의 감정을 인식하고, 중립적이고 비판 없는 태도로 고객에게 다가가는 법을 배우게 된다. 이는 고객에게 더욱 안전하고 열린 공간을 제공하며, 코치로서의 존재감을 더욱 빛나게 한다.

MCC 코치는 단순히 더 나은 질문을 던지거나 세션을 잘 진행하는 기술적 능력에 연연하지 않는다. 코치의 내면 깊이에서 나오는 통찰력과 직관이 중요하다. 코치가 자신의 감정, 신념, 그리고 행동 패턴을 더 잘 이해하면 개인적인 삶에서도 긍정적인 변화를 경험할 수 있다.

코칭은 단순히 문제 해결의 도구가 아니라, 삶의 방향성과 의미를 찾는 과정이다. 고객의 목표 자체보다 고객의 삶의 가치와 목적에 더 중요한 초점을 맞춰야 한다. MCC 코치는 코칭이 단순한 스킬에 머무르지 않고, 고객의 삶 전반을 아우르는 능력을 갖추고 있다.

MCC 코치는 복잡하고 난해한 문제에 직면하면 이것을 창의적 사고와 문제 해결 능력을 발전시키는 기회로 본다. 도전을 성공적으로 극복한 후에는 더 넓은 시각과 깊이 있는 접근 방식을 갖게 되어, 코칭 세션에서 더욱 강력한 존재감을 발휘할 수 있다.

MCC에 도전하며 얻는 자기 성찰과 내면적 성장은 코치의 개인적인 삶에도 큰 영향을 미친다. 코치는 고객을 성공과 행복으로 이끌었던 능력을 자신의 가족, 친구, 동료와의 관계에도 적용하여 그들의 성장과 행복을 돕는다.

3) 코칭 시장에서의 차별화

MCC는 단순히 코칭 자격증 이상의 의미를 지닌다. 이는 코칭 업계에서 가장 높은 수준의 전문성과 신뢰를 상징하며, MCC 코치가 된다는 것은 고객과 조직에게 특별한 가치를 제공할 수 있는 능력을 갖췄음을 입증하는 것이다. MCC는 시장에서의 차별화된 위치를 확보할 수 있는 강력한 도구이며, 코치로서 경력과 기회를 한 차원 높이는 데 중요한 역할을 한다.

(1) 고급 고객층과의 접근 기회

MCC 코치는 기업 임원, 고위 리더십 팀, 그리고 글로벌 조직과 같은 고급 고객층에게 접근할 수 있는 보다 많은 기회를 얻는다. 예를 들어, 글로벌 기업의 CEO나 임원들은 고도로 숙련된 코치를 선호하며, MCC 자격은 이들의 신뢰를 얻을 수 있는 강력한 기준이 된다. 조직은 리더십 개발, 팀 문화 변화, 전략적 문제 해결을 위해 MCC 코치를 고용하는 경우가 많다. MCC 자격은 코칭 시장에서 최고 수준의 고객층을 확보할 수 있는 열쇠다.

(2) 높은 신뢰성과 전문성

MCC 자격은 코칭 기술과 윤리적 기준에서 최상의 수준을 충족함을 의미한다. 이는 고객과 조직에게 높은 신뢰감을 제공한다. 고객은 MCC 코치를 단순한 지원자 이상으로 여기며, 변화를 이끌어낼 수 있는 믿을 만한 전문가로 평가한다. 또한 코칭 계약 체결 시, MCC 자격은 경쟁에서 우위를 점하는 차별화된 요소로 작용한다. MCC는 고객과의 첫 만남에서부터 전문성과 신뢰를 자동으로 인정받게 해주는 강력한 상징이다.

(3) 글로벌 코칭 시장에서의 경쟁력

코칭 시장은 점점 더 글로벌화되고 있으며, 다양한 문화와 환경에서 활동할 수 있는 코치에 대한 수요가 증가하고 있다. MCC 코치는 국제적으로 인정받는 자격으로, 다국적 기업이나 글로벌 프로젝트에서도 신뢰받는 전문가로 활동할 수 있다. 특히, 전 세계의 다양한 고객과 작업할 때 MCC는 언어와 문화적 차이를 넘어서는 전문성을 입증하는 데 중요한 역할을 한다. MCC는 국경을 초월한 코칭 활동을 가능하게 하는 열쇠다.

(4) 더 높은 수익과 기회

MCC 코치들은 일반적으로 더 높은 수익과 더 많은 기회를 얻는다. 연구에 따르면, MCC 자격을 보유한 코치들은 더 높은 세션 요금을 책정할 수 있다. 이는 그들의 전문성이 시장에서 정당하게 평가받는다는 증거다. 또한, MCC 코치는 기업 코칭 프로그램의 리더, 코치 트레이너, 혹은 코칭 컨설턴트와 같은 더 많은 경로로 확장할 기회를 얻는다. MCC는 코칭 활동의 범위와 깊이를 넓히며 수익성을 높이는 데 결정적인 역할을 한다.

(5) 코칭 커뮤니티 내에서의 리더십

MCC 코치들은 코칭 커뮤니티 내에서도 중요한 역할을 한다. MCC는 코칭 워크숍, 컨퍼런스, 그리고 코칭 관련 연구와 같은 분야에서 리더십을 발휘할 기회를 제공받는다. 또한 MCC 자격은 신규 코치들을 멘토링하거나 코칭 프로그램을 개발하고 지도하는 데 참여할 수 있는 신뢰를 제공한다. MCC는 단순한 코칭 활동을 넘어 업계 리더로 성장할 수 있는 플랫폼을 제공한다.

(6) 개인 브랜드 강화

MCC는 코치로서의 개인 브랜드를 강화하는 데 있어 강력한 자산이다. 고객과 조직은 MCC 자격을 보고 코칭에 대한 헌신과 전문성을 갖춘 코치라고 평가한다. 이는 코치가 단순히 코칭 서비스를 제공하는 사람에서, 고객의 변화와 성장을 이끄는 핵심 파트너로 자리매김하게 한다. MCC는 코칭 시장에서 독보적인 개인 브랜드를 구축할 수 있는 강력한 도구다.

이처럼 MCC는 단순히 더 높은 자격이 아니라, 코칭 업계에서의 영향력과 기회를 극대화하는 상징이다. MCC 자격은 코치가 더 넓은 시장에서 활동하고 더 큰 변화를 만들어내며, 자신과 고객 모두에게 지속적인 가치를 제공할 수 있도록 돕는다. MCC에 도전하는 것은 코치로서의 가치를 높이고 시장에서 독보적인 위치를 구축하는 여정이다.

3

코칭이 더욱 필요한 시대,
코치가 가져야 할 비전

우리는 지금 역사상 가장 빠르고 예측하기 어려운 변화의 한가운데 서 있다. 기술 혁신, 인공지능(AI)의 발전, 글로벌 경제의 재편, 팬데믹 이후의 새로운 일과 삶의 방식, 그리고 지속 가능한 미래를 향한 패러다임 변화까지, 사회 전반이 빠르게 재구성되고 있다. 이러한 변화 속에서 리더들은 더 이상 기존의 방식으로 조직을 운영할 수 없으며, 개인들은 끊임없이 변화하는 환경 속에서 자신의 정체성과 방향성을 다시 정의해야 한다. 이처럼 불확실성이 높아지는 시대일수록 코칭의 역할은 더욱 필수적이며, 코치는 사람과 조직이 올바른 방향으로 나아가도록 돕는 핵심적인 존재가 된다.

1) 리더십의 변화: 성장과 혁신을 이끄는 코칭의 힘

전통적인 리더십 모델은 위계질서와 명령–통제 방식에 기반을 두고 있었다. 그러나 지금의 리더십은 완전히 다른 형태로 변하고 있다. 지식과 정보의 흐름이 분산되고, 협업이 강조되며, 유연성과 창의성이 핵심역량으로 떠오르는 시대에는 '코칭형 리더십'이 필수가 되고 있다.

과거의 리더가 정답을 제시하는 사람이었다면, 오늘날의 리더는 올바른 질문을 던지고, 구성원들이 잠재력을 발휘하도록 돕는 역할을 해야 한다. 마이크로매니지먼트(micro-management)가 아닌 '성찰을 이끄는 코칭형 리더십'이 기업의 지속 가능한 성장에 중요한 요소가 되고 있으며, 이에 따라 리더들에게 코칭이 더욱 필요해지고 있다.

세계적인 기업들은 이미 코칭을 적극적으로 활용하고 있다. 예를 들어, 구글의 '프로젝트 아리스토텔레스(Project Aristotle)' 연구에서는 가장 성공적인 팀의 공통점이 '심리적 안전감(psychological safety)'이라는 점을 발견했다. 심리적 안전감은 구성원들이 자신의 의견을 자유롭게 말할 수 있고, 실패를 두려워하지 않으며, 서로를 존중하는 문화 속에서 발현된다. 코칭은 이러한 문화를 조성하는 데 결정적인 역할을 하며, 조직의 창의성과 성과를 극대화하는 데 기여할 수 있다.

2) 개인의 성장과 가치 실현: 자기 탐색과 변화의 과정

현대 사회에서 많은 사람들이 직업적 성취를 이루고도 만족하지 못하는 경우가 많다. 단순히 돈을 많이 버는 것, 높은 직위에 오르는 것이 더 이상 '성공'의 기준이 될 수 없으며, 사람들은 더욱 '의미 있는 삶'과 '가치 실현'을 중요하게 여기고 있다.

그러나 이러한 가치 실현은 스스로 깨닫기 어렵다. 왜냐하면 우리는 종종 사회적 기대에 따라 목표를 세우고, 타인의 기준에 맞춰 삶을 살아가기 때문이다. 코칭은 사람들이 자신의 진정한 내면의 소리를 듣고, 자신에게 가장 의미 있는 목표를 설정하며, 이를 실현하기 위한 행동을 촉진하는 강력한 도구가 된다.

예를 들어, 많은 사람들이 "내가 진짜 원하는 것이 무엇인지 모르겠다." 라고 고민한다. 이때 코칭은 강력한 질문과 자기 탐색의 과정을 통해 개인이 자신이 진정 원하는 것, 자신이 중요하게 여기는 가치가 무엇인지 발견하도록 돕는다.

궁극적으로 코칭은 단순한 목표 달성을 넘어서, 개인이 더욱 주체적인 삶을 살고, 자신만의 비전을 실현하며, 지속적인 성장을 이루도록 지원하는 과정이다.

3) 사회적 문제 해결과 지속 가능한 성장

코칭은 단순히 개인과 조직의 성장을 돕는 것에서 끝나지 않는다. 궁극적으로 코칭은 더 나은 사회를 만드는 데 기여할 수 있다.

현재 전 세계적으로 정신 건강 문제, 불평등, 직장 내 스트레스 증가, 세대 간 갈등 등의 사회적 문제가 심화되고 있다. 이러한 문제들은 단순히 정책적인 해결만으로는 극복하기 어렵고, 개개인의 성장과 변화가 함께 이루어져야 한다. 코칭은 사회 구성원들이 더 건강한 관계를 형성하고, 자신의 감정을 조절하며, 더 나은 의사결정을 할 수 있도록 돕는 역할을 한다.

특히, 교육 분야에서는 코칭이 학생들의 잠재력을 개발하는 데 큰 기여를 하고 있으며, 의료 및 심리치료 분야에서도 코칭이 보완적 역할을 수행하고 있다. 또한, 정부 및 공공기관에서도 코칭을 활용하여 보다 효과적인 정책 집행과 리더십 개발을 추진하고 있다.

코칭이 널리 보급될수록 사회는 보다 건강하고 지속 가능한 방식으로 성장할 수 있으며, 사람들은 단순한 생존이 아니라 의미 있는 삶을 추구할 수 있는 환경을 갖게 된다.

4) 코치로서 가져야 할 비전: 더 큰 영향력을 발휘하는 사회적 리더

코칭의 필요성이 점점 커지고 있는 이 시대에, 코치들은 단순한 '서비스 제공자'가 아니라, 변화를 주도하는 촉진자(facilitator)이며, 세상을 더 나은 방향으로 이끄는 영향력 있는 리더가 될 수 있다.

코치로서 우리는 단순히 고객이 목표를 달성하도록 돕는 것이 아니라, 그들이 더 큰 비전을 품고, 스스로 성장의 동력을 만들어내도록 하는 존재가 되어야 한다.

코치로서 가져야 할 비전은 다음과 같다.

① 리더들의 성장을 돕는 코칭

· 기업과 조직에서 더 인간중심적이고 건강한 방법으로 성장하도록 지원하고, 기업과 조직, 사회를 건강하게 성장시키는 주도자가 되도록 지원한다.

② 개인의 의미 있는 삶을 지원하는 코칭

· 사람들이 단순한 성공이 아니라, 자신의 가치와 의미를 발견하고, 이를 일과 삶에서 실현하며 사는 행복한 삶을 살도록 지원한다.

③ 사회적 변화를 이끄는 코칭

· 코칭의 신뢰와 존중의 마인드가 의료, 공공 서비스 등 다양한 분야에서 활용되어, 사회의 더 나은 변화를 이끌도록 돕는다.

코칭은 사람이 성장하고, 조직이 혁신하며, 사회가 발전하는 데 필수적인 도구다. 사람들이 더 나은 미래를 만들어가기 위한 강력한 방법이다. 앞으로의 시대는 코치가 더욱 중요한 역할을 하는 시대가 될 것이다. 코치로서 우리는 단순한 직업인이 아니라, 사람들의 변화를 돕고, 조직의 혁신을 이끌며, 더 나은 사회를 만드는 데 기여하는 특별한 전문가라는 의식을 가져야 한다.

마치며

코칭은 탁월한 대화의 기술이지만 그보다 더 강력한 기능은, 사람의 가능성을 발견하고, 성장의 기회를 창출하며, 인생을 변화시키는 강력한 프로세스다. 오늘날 우리는 불확실성의 시대를 살고 있다. 급변하는 사회, 빠르게 변하는 산업 환경 속에서 많은 사람들이 방향을 잃고 고민한다. 조직에서는 리더십의 변화가 필수적이며, 개인들은 자신의 가치와 목표를 재정립해야 하는 시대를 맞이하고 있다. 이러한 변화 속에서 코치는 단순한 조력자가 아니라, 시대의 변화를 이끄는 촉진자이며, 사람들의 성장을 돕는 가이드가 된다.

이 책을 읽으며 여러분은 단순히 시험을 준비하는 것이 아니라, 코칭의 본질을 이해하고, 핵심역량을 체득하며, 고객과의 대화 속에서 더 깊은 변화를 이끌어낼 수 있는 힘을 기르게 되었을 것이다. 시험은 단지 하나의 과정에 불과하지만, 그 과정을 통해 여러분은 더 나은 코치로 성장하게 된다. 이 책에서 다룬 ICF의 코칭 핵심역량과 실전 문제들은 여러분이 코치로서의 전문성을 강화하고, 코칭 대화를 더 깊이 있는 방식으로 이끌 수 있도록 돕는다. 하지만 코칭은 시험으로 끝나는 것이 아니다. 진정한 코칭의 여정은 지금부터 시작된다. 코칭은 끊임없이 배우고 성장하는 과정이다. 실수를 두려워하지 마라. 실수는 여러분이 더 좋은 코치로 거듭나기 위한 발판이며, 고객과 함께 성장하는 기회다. 처음에는 어렵게 느껴질 수 있지만, 신뢰를 구축하는 법을 배우고, 강력한 질문을 던지는 법을 익히며, 고객이 스스로 답을 찾도록 돕는 과정에서 여러분의 코칭은 점점 더 깊어지고 강해질 것이다.

오늘날 글로벌 기업들은 코칭을 통해 조직 문화를 혁신하고 있으며, 리더들은 코칭을 통해 더 나은 의사결정을 내리고 있다. 뿐만 아니라, 코칭은 개인이 자신의 삶을 더 깊이 이해하고, 자신의 가치와 목표를 찾아가는 데 도움을 준다. 많은 사람들이 자신의 가능성을 발견하지 못한 채 살아가지만, 코칭은 그들이 자신의 삶을 주도적으로 변화시키고, 더 나은 미래를 설계할 수 있도록 돕는 역할을 한다. 이제 여러분은 코칭을 통해 사람들의 인생에 변화를 가져올 준비가 되었다. 여러분의 질문 하나, 여러분의 경청 하나가 누군가의 삶을 변화시킬 수 있다. 그것이 바로 코칭의 힘이며, 여러분이 가져야 할 비전이다.

PCC를 넘어, MCC에 도전하라!

이제 여러분은 더 이상 혼자가 아니다. 여러분과 같은 길을 걷고 있는 많은 코치들이 있으며, 이 책은 여러분의 든든한 동반자가 될 것이다. 이제

PCC에 도전하라. 그리고 더 나아가 MCC라는 새로운 목표를 향해 나아가라. MCC는 단순히 높은 자격이 아니다. 그것은 코칭의 철학이 체화되고, 코칭이 삶 그 자체가 된 코치들에게 주어지는 명예로운 자리다. MCC는 최고의 코칭 역량을 갖춘 전문가들에게만 주어지는 타이틀이며, 이 타이틀을 갖춘다는 것은 곧 고객들에게 세계적인 수준의 코칭을 제공할 수 있다는 것을 의미한다.

여러분이 이 책을 통해 얻은 배움과 경험들이 여러분을 더 높은 수준의 코치로 성장시키고, 궁극적으로 고객과 사회에 더 큰 가치를 제공할 수 있도록 돕길 바란다.

당신이 바로, 세상을 변화시키는 코치다.

코칭은 시대의 요구이며, 여러분이 가진 역량은 이 시대가 필요로 하는 가장 강력한 도구다. 이제는 여러분이 고객과 함께 성장하고, 고객의 인생에 긍정적인 영향을 미칠 차례다. 코치로서 여러분의 빛나는 순간을 기대하며, 여러분의 코칭이 누군가의 인생을 변화시키는 기적을 만들어 내길 바란다.

이 책을 마스터한 여러분은 모두 준비되었다. 이제, 위대한 코칭을 시작하라!

1. ICF 코칭 핵심역량의 핵심스킬

A. 기초 세우기

1. 윤리 실천

정의 코칭 윤리와 코칭 표준을 이해하고 지속적으로 적용한다.

1-1 고객, 스폰서 및 이해 관계자와의 상호작용에서 코치의 진실성과 정직성을 보여준다.

1-2 고객의 정체성, 환경, 경험, 가치 및 신념에 민감성을 가지고 대한다.

1-3 고객, 스폰서 및 이해 관계자에게 적절하고, 존중하는 언어를 사용한다.

1-4 ICF 윤리 강령을 준수하고 핵심 가치를 지지한다.

1-5 이해 관계자 합의 및 관련 법률에 따라 고객 정보에 대해 비밀을 유지한다.

1-6 코칭, 컨설팅, 심리치료 및 다른 지원 전문직과의 차별성을 유지한다.

1-7 필요한 경우, 고객을 다른 지원 전문가에게 추천한다.

2. 코칭 마인드셋

정의 개방적이고 호기심이 많으며, 유연하고 고객 중심적인 사고방식 (마인드셋)을 개발하고 유지한다.

2-1 코치는 선택에 대한 책임이 고객 자신에게 있음을 인정한다.

2-2 코치로서 지속적인 학습 및 개발에 참여한다.

2-3 코치는 코칭능력을 향상시키기 위해 성찰 훈련을 지속한다.

2-4 코치는 자기 자신과 다른 사람들이 상황과 문화에 의해 영향받을 수 있음을 인지하고 개방적 태도를 취한다.

2-5 고객의 유익을 위해 자신의 인식과 직관을 활용한다.

2-6 감정 조절 능력을 개발하고 유지한다.

2-7 정신적, 정서적으로 매 세션을 준비한다.

2-8 필요하면 외부자원으로부터 도움을 구한다.

B. 관계의 공동 구축

3. 합의 도출 및 유지

정의 고객 및 이해 관계자와 협력하여 코칭 관계, 프로세스, 계획 및 목표에 대한 명확한 합의를 한다. 개별 코칭 세션은 물론 전체 코칭 과정에 대한 합의를 도출한다.

3-1   코칭인 것과 코칭이 아닌 것에 대해 설명하고 고객 및 이해 관계자에게 프로세스를 설명한다.

3-2   관계에서 무엇이 적절하고 적절하지 않은지, 무엇이 제공되고 제공되지 않는지, 고객 및 이해 관계자의 책임에 관하여 합의한다.

3-3   코칭 진행 방법(logistics), 비용, 일정, 기간, 종결, 비밀 보장, 다른 사람의 포함 등과 같은 코칭 관계의 지침 및 특이사항에 대해 합의한다.

3-4   고객 및 이해 관계자와 함께 전체 코칭 계획 및 목표를 설정한다.

3-5   고객과 코치 간에 서로 맞는지(client-coach compatibility)를 결정하기 위해 파트너십을 갖는다.

3-6   고객과 함께 코칭 세션에서 달성하고자 하는 것을 찾거나 재확인한다.

3-7   고객과 함께 세션에서 달성하고자 하는 것을 얻기 위해 고객 스스로가 다뤄야 하거나 해결해야 한다고 생각하는 것을 분명히 한다.

3-8   고객과 함께 코칭과정 또는 개별 세션에서 고객이 달성하고자 하는 목표에 대한 성공 척도를 정의하거나 재확인한다.

3-9   고객과 함께 세션의 시간을 관리하고 초점을 유지한다.

3-10 고객이 달리 표현하지 않는 한 고객이 원하는 성과를 달성하기 위한 방향으로 코칭을 계속한다.

3-11 고객과 함께 코칭 경험을 존중하며 코칭 관계를 종료한다.

4. 신뢰와 안전감 조성

정의 고객과 함께, 고객이 자유롭게 나눌 수 있는 안전하고 지지적인 환경을 만든다. 상호 존중과 신뢰 관계를 유지한다.

4-1 고객의 정체성, 환경, 경험, 가치 및 신념 등의 맥락 안에서 고객을 이해하려고 노력한다.

4-2 고객의 정체성, 인식, 스타일 및 언어를 존중하고 고객에 맞추어 코칭한다.

4-3 코칭과정에서 고객의 고유한 재능, 통찰 및 노력을 인정하고 존중한다.

4-4 고객에 대한 지지, 공감 및 관심을 보여준다.

4-5 고객이 자신의 감정, 인식, 관심, 신념, 및 제안하는 바를 그대로 표현하도록 인정하고 지원한다.

4-6 고객과의 신뢰를 구축하기 위해 인간으로서의 한계를 인정하고 개방성과 투명성을 보여준다.

5. 프레즌스 유지

정의 개방적이고 유연하며 중심이 잡힌 자신감 있는 태도로 완전히 깨어서 고객과 함께한다.

5-1 고객에게 집중하고 관찰하며 공감하고 적절하게 반응하는 것을 유지한다.

5-2 코칭 과정 동안 호기심을 보여준다.

5-3 고객과 프레즌스(현존)를 유지하기 위해 감정을 관리한다.

5-4 코칭과정에서 고객의 강한 감정 상태에 대해 자신감 있는 태도로 함께 한다.

5-5 코치가 알지 못함의 영역을 코칭할 때도 편안하게 임한다.

5-6 침묵, 멈춤, 성찰을 위한 공간을 만들거나 허용한다.

C. 효과적 의사소통

6. 적극적 경청

정의 고객의 시스템 맥락에서 전달하는 것을 충분히 이해하고, 고객의 자기표현(self-expression)을 돕기 위하여 고객이 말한 것과 말하지 않은 것에 초점을 맞춘다.

6-1 고객이 전달하는 것에 대한 이해를 높이기 위해 고객의 상황, 정체성, 환경, 경험, 가치 및 신념을 고려한다.

6-2 고객이 전달한 것에 대해 더 명확히 하고 이해하기 위해 반영하거나 요약한다.

6-3 고객이 소통한 것 이면에 무언가 더 있다고 생각될 때 이것을 인식하고 질문한다.

6-4 고객의 감정, 에너지 변화, 비언어적 신호 또는 기타 행동에 대해 주목하고, 알려주며 탐색한다.

6-5 고객이 전달하는 내용의 완전한 의미를 알아내기 위해 고객의 언어, 음성 및 신체 언어를 통합한다.

6-6 고객의 주제(theme)와 패턴(pattern)을 분명히 알기 위해 세션 전반에 걸쳐 고객의 행동과 감정의 흐름(trends)에 주목한다.

7. 의식 확장(알아차림)

정의 강력한 질문, 침묵, 은유(metaphor) 또는 비유(analogy)와 같은 도구와 기술을 사용하여 고객의 통찰과 학습을 촉진한다.

7-1 가장 유용한 것이 무엇인지 결정할 때 고객의 경험을 고려한다.

7-2 알아차림이나 통찰을 불러일으키기 위한 방법으로 고객에게 도전한다.

7-3 고객의 사고방식, 가치, 욕구 및 원함 그리고 신념 등 고객에 대하여 질문한다.

7-4 고객이 현재의 생각을 뛰어 넘어 탐색하도록 도움이 되는 질문을 한다.

7-5 고객이 이 순간에 경험하고 있는 것을 더 많이 공유하도록 초대한다.

7-6 고객의 발전(client's progress)을 위해 무엇이 잘되고 있는지에 주목한다.

7-7 고객의 욕구에 맞추어 코칭 접근법을 조정한다.

7-8 고객이 현재와 미래의 행동, 사고 또는 감정 패턴에 영향을 미치는 요인을 식별하도록 도와준다.

7-9 고객이 어떻게 앞으로 나아갈 수 있는지, 무엇을 하려고 하고 할 수 있는지 생각해 내도록 초대한다.

7-10 관점을 재구성(reframing)할 수 있도록 고객을 지원한다.

7-11 고객이 새로운 학습을 할 수 있는 잠재력을 갖도록 관찰, 통찰 및 느낌을 있는 그대로 공유한다.

D. 학습과 성장 촉진

8. 고객 성장 촉진

정의 고객이 학습과 통찰을 행동으로 전환할 수 있도록 협력한다. 코칭 과정에서 고객의 자율성을 촉진한다.

8-1 새로운 알아차림, 통찰, 학습을 세계관 및 행동에 통합하기 위해 고객과 협력한다.

8-2 새로운 학습을 통합하고 확장하기 위해 고객과 함께 고객의 목표와 행동, 그리고 책임 측정 방안(accountability measures)을 설계한다.

8-3 목표, 행동 및 책임 방법을 설계하는 데 있어서 고객의 자율성을 인정하고 지지한다.

8-4 고객이 잠재적 결과를 확인해 보거나 이미 수립한 실행 단계로부터 배운 것을 지지한다.

8-5 고객이 지닌 자원(resource), 지원(support) 및 잠재적 장애물(potential barriers)을 포함하여 어떻게 자신이 앞으로 나아갈지에 대해 고려하도록 한다.

8-6 고객과 함께 세션에서 또는 세션과 세션 사이에서 학습하고 통찰한 것을 요약한다.

8-7   고객의 진전과 성공을 축하한다.

8-8   고객과 함께 세션을 종료한다.

자료 출처

coachingfederation.org
icfkorea.or.kr
asiacoach.co.kr